社會科學概論

Introduction to Social Sciences

周陽山、陳思賢、馮　燕、鄭讚源
蘇彩足、李永展、陳淑美、楊逢泰 編著

三民書局

Society

國家圖書館出版品預行編目資料

社會科學概論／周陽山等編著.－－修訂三版六刷.－
－臺北市：三民，2015
面；　公分

ISBN 978-957-14-5074-2　（平裝）
1.社會科學

500　　　　　　　　　　　　　　　　　97015055

編 著 者	周陽山等
發 行 人	劉振強
著作財產權人	三民書局股份有限公司
發 行 所	三民書局股份有限公司
	地址　臺北市復興北路386號
	電話　(02)25006600
	郵撥帳號　0009998-5
門 市 部	(復北店) 臺北市復興北路386號
	(重南店) 臺北市重慶南路一段61號
出版日期	初版一刷　1995年9月
	修訂三版一刷　2008年8月
	修訂三版六刷　2015年7月
編 　 號	S 500220

行政院新聞局登記證局版臺業字第〇二〇〇號

有著作權‧不准侵害

ISBN　978-957-14-5074-2　（平裝）

http://www.sanmin.com.tw　三民網路書店
※本書如有缺頁、破損或裝訂錯誤，請寄回本公司更換。

編輯大意

一、 本書編輯宗旨，在使學生瞭解社會科學的內涵，以發展通識
　　 的能力；認識社會現象及問題，以增進參與社會生活及因應
　　 社會變遷的知能；養成批判及獨立思考的能力，建立正確的
　　 價值觀；進而培育熱心參與社會活動的態度，發展積極服務
　　 的人生觀。

二、 本書每章之後皆列有「研究與討論」，供學生在課後進一步
　　 深入瞭解課文，提升學生對社會現象與問題之思考、推理、
　　 分析、綜合及批判的能力。

三、 本書編輯過程力求謹慎，然疏漏之處在所難免，尚祈各方專
　　 家與授課教師不吝指正。

社會科學概論

CONTENTS 目次

編輯大意

第六章　人類生態與世界和平

第一章　導　論

▶第一節　社會科學的意義與性質◀

陳思賢

一 社會科學的意義

在西洋，遠自古希臘時代，就有人開始懷疑研究人類社會與研究自然是否應使用同樣的方法？或是說，宇宙大自然與人類社會究竟是不是由同樣的規律或原則所構成？兩千五百年前的希臘人仰觀天象、俯瞰大地，他們發現在大自然中似乎存在著若干規律，經由這些規律，他們可以逐漸地解釋某些自然現象。建立起規律及粗具的解釋模型後，人就比較能夠在面對自然的生生不息與生成變化中建立起一些安全感。但是在面對人類社會的種種變化時，古希臘人就比較迷惑了，究竟人類社會中的事情有無規律可言？如果沒有，何以沒有？如果有，則形成規律的原因究竟是什麼？是天意？或是人的主觀意願？這些都成為他們思考的主要問題。

這些問題，一開始都是在面對過去的歷史時所出現。於是，對社會的研究就是對歷史的研究，而歷史也就成了社會研究最早的形式，史學也成為社會科學的前身。到了近代，社會科學的各種學門從史學中漸漸獨立出來，而提供了人們解釋社會的更良好方法；演變到了今天，社會科學有了蓬勃的發展，成為現代學術中非常重要的領域之一，也與自然科學一起致力於提供我們更好的生活。

　　而社會科學到底指的是什麼？如上所述，它基本上是以人為研究對象的；它探討個人，及許多個人所形成的群體（或稱之為社會），希望以一種有系統、嚴謹的方式幫助我們對人與社會有更正確的瞭解。一般來說，社會學、經濟學、政治學、心理學、人類學與管理學等，都是最常見的社會科學學門。它們研究的對象都是人的行為，而人是群居的動物，故人的行為基本上是社會行為。所以以上各個社會科學學門，大抵言之乃是從不同方面去研究人的社會行為：人有經濟行為，故有經濟學；人有政治生活，故有政治學；人的社會群居會發生若干問題，故有社會學；餘此可類推。當然，這些社會科學學門之間的關係是非常緊密的，理由很簡單：會發生以上所謂經濟問題、社會問題與政治問題等等的，都是同一個「人」，一個「人」是不能如同機器或物體一般切割後來分析的，故社會科學學門之間不但因研究對象重疊而緊密相關，而且更應視為是相互支援、相輔相成的。

　　至於為什麼這些學門會被稱為「科學」呢？這是有一個歷史背景的。西洋在十七、十八世紀的時候，自然科學突飛猛進、蓬勃發展，人類對自然的操控能力比往昔大為增加，自信心也就大增。於是在「進步」與「啟蒙」的心態下，便很自然地視「科學」、「自然科學」為人類知識的典範，一切知識均應以此為準，才能帶給人類效用與進步。「自然科學」是研究宇宙與大自然的，當在這方面有了長足的成果後，很自然的人類開始要求對我們自己、對社會生活的研究也要有立即而明顯的進步。欲達成此目的，首先想到的自然是模仿已經卓然有成的「自然科學」，採取其思維模式、引用其方法，而來對「人」與「社會」做系統化、「科學性」的探究。於是「社會

科學」之名就出現了。

當然，「社會科學」這個名稱的出現意味著兩件事情：第一，是有關人與社會的知識，正如同有關自然的知識一般，是以發現規則和定律為目的的；第二，只有在思考方式與研究方法上求取客觀化與統一化，才有助於規則與定律的發現。於是，觀察、記錄、比較、統計、歸納甚至實驗，都成了社會科學所常使用的研究方法，目的無他，不外乎想藉著社會研究中精確性與系統化的建立，達到解釋社會行為，而進一步預測社會行為的功能。這與傳統的社會研究是截然不同的，故社會科學的出現代表了人類不斷追求自我瞭解的漫長過程中的一個新里程碑。我們先來看看在社會科學出現前，人類是如何瞭解自身所形成的社會與社會行為的。

二 社會科學的起源

如前所述，最早，人類是以歷史作為瞭解社會的工具。直到在歷史中發現了若干規律之後，人們瞭解社會現象與文明進展原來並不全然是混亂、偶然與隨機所造成，於是社會哲學應運而生。社會哲學剛開始是從較宏觀與抽象的方式去討論社會現象，它關切例如社會的本質為何？人為何要過社會生活？人的群體生活中之規範應由何而來？公共生活中應有規範，亦需有訂定、執行規範的機構，這就是所謂的「公權力」之體系，而它應如何產生？如何運作？以上這些，都是社會哲學所不斷探究的問題之例子。而它們有一共通之特性，就是充滿了價值之探討。也即是說，這些都是牽涉到人生價值與意義的問題。例如說，我們為什麼要共同組成一個群集生活的社會？為什麼我們與他人共同生活時要遵從某些規範？服膺某些

道德條目？對這些問題作討論，會引發出我們倫理性的思考，意思就是我們需要去決定我們所選取、認同、服膺的人生價值是什麼，關於這些問題的答案雖然可能流於主觀，但卻似乎是很難迴避的問題。於是社會哲學便成為了「這個社會應當如何」的研究了。

用社會哲學的方式來探討這個社會到底是如何這個問題，是有悠久傳統的，在西洋至少有兩千年的歷史，而至今仍不斷。它給了我們很多的啟發，也在文明發展的歷程上扮演了重要的角色。但它有一個層面沒有辦法關照到，那就是「這個社會究竟是如何」這個問題。我們學習價值，討論「這個社會應如何」這個問題固然重要，但如果我們無法知道「這個社會究竟是如何」，則就知識層面而言，是有失之偏頗而暴露出重要缺陷的。

「應然」的問題使我們能知所努力的方向，有目標、有理想固是極重要之事，但若不知「實然」為何，則對於很多事情我們將會缺乏判斷的基礎，即使意欲改善現況亦可能不知從何處著手起。所以有關「這個社會究竟是如何」這個問題就逐漸地催生了現在所謂的「社會科學」。社會研究這個領域在經過長時間的社會哲學掛帥與主導之後，「社會科學」終於在近幾百年嶄露頭角，而成為幫助我們研究、瞭解這個社會的新興方式。

三、社會科學的性質

約莫從十八世紀開始，西洋的學者逐漸地發展出一種觀念，那就是要瞭解人類的本質，或是社會生活的本質，就先要從分析、探究現況開始。對於他們來說，有關人的本質或是社會生活的本質這種問題，它的答案可能不在抽象的、主觀的玄思冥想之中，而是在

於我們具體所表現出來的社會行為當中。也就是說，從不斷地觀察我們自身的行為中，我們得以瞭解什麼是我們的人性所呈現出的特質，而依據這些特質我們通常的行為模式會是如何？主張「社會科學」的學者認為，我們如要知道「人」是什麼，最好的方法應是去觀察他表現出來的是什麼，而由此來認定他的「屬性」、「特質」，而並非藉由主觀、無法驗證的理論去提出一些規範性的看法——也就是「我認為人應是如何的」。

換句話說，「社會科學」乃是從對過去社會研究方式的不滿意出發，要將「實然」的研究代替「應然」的主觀陳述。從十八世紀以來，「社會科學」逐步地發展開拓出來，至今約略有三百年的歷史。它的主要目標是在於幫助我們知道自己的社會行為所呈現出的實況是什麼，讓我們在瞭解自己之後，能夠有更好的基礎去經營一個理想的社會生活。而這就涉及了「社會科學」的基本研究過程與宗旨的問題了，這在「社會科學」中是一個極為重要的問題。

對社會科學家而言，觀察社會行為、瞭解社會行為並不是我們從事社會研究的最終目的。社會研究正如同自然科學一般，也有一個很實際、很實用的目的存在其後。對自然科學而言，瞭解自然、控制自然是我們人類的願望，用一句簡單的話說，那就是「制物以為用」，也是古人所謂的「利用」以「厚生」。然而社會科學又何嘗不如是？我們觀察社會行為、瞭解社會行為最終的目的是在於企圖預測社會行為，以便於我們規劃更理想的未來，或是從事更有效率的管理。也因此，「預測」是社會科學中很重要的一個目標，通常能達成較佳預測的社會科學理論就是較好的理論。

所以，一般而言，社會科學從事的步驟是觀察、分析與預測。

在研究的結論中，我們能對個案提出解釋是基本的要求，而若是結論能推廣應用至其他若干數量的個案，則可能可以稱之為中範圍理論 (middle-range theory)，若是有幸可放諸四海皆準（這種情況非常困難），並成為一個可廣為適用於現象之解釋的理論，就可稱之為大型理論 (grand theory) 了。故總結以言，社會科學的理論是以提升預測程度及擴大應用範圍為依歸的。

▶第二節　社會科學的範圍與內容◀

周陽山

一 社會科學的範圍如何界定

社會科學的概念和範圍，是以它與人文學科和自然科學的區分為基礎的。凡是牽涉到社會性的研究，並以科學途徑為主要研究取向的學科，都可歸屬於「社會科學」的領域。在此一領域中，包羅了下列各主要學科：

㈠社會學。

㈡經濟學。

㈢政治學。

㈣法律學。

㈤人類學（民族學）。

㈥教育學。

㈦管理學。

㈧人口學。

㈨傳播學。

其中以前六者為社會科學的核心學科。除了上列的學科外，還有一些與社會科學密切相關的人文學科，如經濟史、社會史、政治史、文化史、思想史、社會科學哲學、社會哲學、政治哲學、經濟哲學、法哲學等。

「社會科學」一詞，特別強調其中的「科學」成分，此一稱謂，事實上反映著一種實證論 (positivism) 的科學觀。它以為對社會現象的研究，可以像自然科學一樣的客觀、中立，不加入個人的價值色彩，並且可以清楚的找出科學規律，尋求系統化的科學性解釋。但是，這種將社會科學比附於自然科學的觀點，目前已受到學術界的強烈質疑。以英國為例，一九八二年，英國政府就表示對「社會科學」一詞的異議，並以「社會研究」(social studies) 取代之，認為此一詞彙對於那些無權聲稱為「科學」的知識學科，或許更為妥適。

事實上，在目前社會科學的分類中，即有許多學科係非「科學」的性質，諸如政治思想史、社會思想史、經濟思想史、政治哲學、社會理論等。此外，也有一些學科，如政治理論，本身也包含了許多「非科學」、非經驗性、而且屬規範性 (normative) 的成分。因此，稱社會「科學」為社會「研究」，或許更符合其實情。

二 社會科學與社會研究

強調「社會科學」與「社會研究」的異同，對於我們認識此學的範圍與內涵，是有助益的。在前一小節中，我們列出了社會科學的九個主要學科，但是有許多與人文學科密切相關的學科，卻因為它的「非科學」屬性，而被排除在外，如政治哲學、法哲學、政治

思想史、經濟思想史、社會史等。但是嚴格說來，它們卻係十分重
要的社會研究學科。事實上，如果我們從「重要性」而非「科學性」
的角度分析學科界限的問題，則「社會研究」應該包括下列各學科：

(一)社會學。

(二)經濟學。

(三)政治學。

(四)法律學。

(五)歷史學。

(六)人類學。

(七)考古學。

(八)教育學。

(九)管理學。

(十)人口學。

(土)傳播學。

此一分類，和前述之「社會科學」分類間最大之不同點，是學
科的範圍擴大。譬如歷史學的加入，使得社會史、經濟史、政治史
等，均得列入「社會研究」學科。此外，人類學、考古學、心理學、
地理學等學科的大部分內涵，也成為「社會研究」的主要課題。

基於此，如果我們採用「社會研究」的分類法，其包含之學科
領域，將較「社會科學」範圍為廣，而且也比較符合當前社會科學
的實際範疇。因之，雖然我們仍然襲用「社會科學」一詞，事實上
卻是以「社會研究」之範疇作為研究之對象。

三　社會科學與行為科學

　　除了「社會科學」與「社會研究」這兩個辭彙外，另一個密切相關的稱謂是「行為科學」。行為科學強調的是對「人的行為」的研究，尤其是一些訴諸行動的行為表現，以及可觀察的認知態度。因此，行為科學特別強調經驗研究，而比較不在意法律、規章與規範性的價值。舉例來說，一般的政治學研究非常注重憲政規範、政府組織、民主理念等「規範性」的價值與概念。而「行為政治學」（即行為科學影響下的政治學研究）則十分注重政治行為、政治文化、投票行為等「可觀察」的行為層面，對於「規範性」的層面則較為忽略。

　　基於此，「行為科學」的著重點與一般「社會科學」頗有差異，而它的核心學科也與社會科學有些差異。其中最重要的分際為「心理學」是「行為科學」中的重要學科，在社會科學中則非屬「核心學科」。

　　一般而言，「行為科學」包括下列的學科範疇：

㈠人類學。

㈡社會學。

㈢心理學。

㈣經濟學。

㈤政治學。

㈥教育學。

㈦管理學。

㈧傳播學。

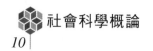
㈨法律學。

但是，上述各學科中有關法制、思想、歷史、規範等部分，則不包括在內。因此，「行為科學」的範圍較為特定，也比「社會研究」為窄。但它的「科學性」，則十分明確，比「社會科學」具備更高的科學性和實證性。

▶第三節　社會科學與自然科學的關係◀

陳思賢

一 社會科學與自然科學的異同

社會科學與自然科學均稱為「科學」，而這兩種「科學」之間有何相同、又有何相異之處呢？長久以來，我們都習慣把「科學」看成是人類知識最可靠與最標準的型態，而「科學」指的是自然科學，例如物理、化學等基礎科學與各類工程等應用科學，而除此以外，生物醫學又是另一種自然科學。自然科學顧名思義是研究自然，而社會科學當然就是研究社會現象，若把這兩種都稱為科學，是否意味它們的本質都一樣呢？假設兩者不一樣而有基本上的差異的話，那是不是意味了「科學」可能有不同的種類，但都可以使用如此的稱謂？也就是，我們可不可以如是認為，世上總共有兩種「科學」，就是社會科學與自然科學，它們分別代表了「科學」的兩種型態？

在以上所列舉的自然科學裡，很明顯地，我們研究的對象是大自然界的種種，包括沒有生命的物質，如礦物、磁場、光、基本粒子等等，以及生命現象，如各種低等、高等的植物、動物以及人類。

但是不論是沒有生命的物質或是生物醫學所研究的生命現象本身，都可以被歸納出一個共同的特色，那就是它們基本上是不需透過某種「意識」或「精神作用」而有的「自然現象」，它們自然的產生、自然的運作與規律的表現，所以我們可以透過建立普遍化與一般化的準則來加以解釋及分析。

但是在關於「人」的研究上──也就是社會科學研究，我們卻可以很明顯地指出，人與大自然中其他物的最大區別在於人有精神現象與自由意識。物理世界中的各種現象固然是規律機械性的，但即使是生物醫學所涉及的生命現象中，雖也與意識及精神現象可能有所聯繫，但人的社會行為所呈現出的精神現象及意識作用，卻是物理科學及生物醫學所無法比擬的。也由於此，大大地增加了社會科學研究上的不確定性。人與人之間行為上的異同，絕非是可如同物與物般的類比。由於有了精神現象的作用，使得每一個人都有一個獨立的「自我」，這個「自我」絕對與他人的「自我」有不同之處，它雖然有時可能受到壓抑或限制，但是其的確存在乃是人的最大特色。所以，人與物最不同之處在於人的自主性及個體差異性，也因為這樣，使得欲將人類社會作如同自然科學般規律描述的企圖變得並不容易。而整個社會科學的挑戰性也就在這裡，它要找出人類社會中、人類行為中不變與變的部分。

社會科學的「科學化」

如何找尋人類行為中不變的成分？這就是社會科學可師法自然科學的地方了。自然科學基本上就是要建立通則、尋求一個一般化的解釋及預測的模型，好將整個大自然置於一個井然有序的系統之

下。最初的社會科學家們也秉此原則，希望找出人文世界中存在的隱然秩序。所以他們利用自然科學家們一貫使用的方法，來從事他們的社會研究。是什麼方法呢？基本上就是歸納的經驗研究法。在對自然界的研究中，如果我們能一再重複實驗的結果，則最後我們可能得出一個普遍的法則，這就是「解釋自然現象」的一個法則。也即是說，當初步的理論不斷地獲得客觀的實證結果時，我們就認為它的解釋能力很好，「理論與實際現象間並無落差」。

　　而如何去獲得一個可以變成普遍法則的理論呢？通常是透過實驗的方法。第一步是收集實驗資料，然後進行觀察，提出假設、而後加以驗證，這就是對理論進行檢證的基本過程。當獲得了初步的理論之後，就設計各種後續的實驗來進一步測試這個理論，包括其普遍適用性及其中諸「元素」(parameter)。自然科學通常是以此方法來建立通則與定律，而社會科學在尋求建立一般性理論的努力中亦是循此方法而行。這就是社會科學與自然科學相似相關之處，亦是其使用「科學」為名之初衷。然而接下來的問題才是棘手：對於人類行為中「不確定」、「變」的部分應如何處理？如果處理方法沒有不同，則社會科學應就是完全等同於自然科學了，那我們也沒有必要區分所謂的「自然」與「社會」科學了。

三 社會科學的定位

　　社會科學與自然科學最大的不同在於如何處理「同中之異」，或是說如何研究人之因以成為萬物之靈的這個「精神現象」所帶來的個體差異性問題。自然科學不需面對此問題，而對社會科學來說，這是個先天存在而無法迴避的課題。當然，我們可以選擇將此視為

是對社會研究「科學化」的一個障礙，或是人文世界不同於物理世界的最大之處。如果我們選擇前者，就表示我們認為假以時日，社會科學終將成為「科學」，精神現象的差異最後也可以被化約成若干定律；若是持後者的觀點，則社會科學與自然科學是兩種不同的東西，有相似處亦有不同點，在相似處社會科學可借用自然科學的方法、甚至研究成果，而至於社會現象獨特的地方則有賴於社會科學發展自身特別的解釋途徑或是研究模式了。

以現今的潮流言，多數人都同意社會科學是無法、也不需要完全向自然科學看齊的。社會科學的出現改善了我們對社會現象的認知，從眾說紛紜、主觀玄想的傳統社會理論，進步到有系統的分析與能做某種程度預測的當代社會研究，它是有不可磨滅的功勞的。而現今最重要的問題就是社會科學家們致力於改善對社會現象中「不確定」部分的研究方法，期使社會科學有它獨立的能力與自身的特色去解決「人的世界」的問題。

▶第四節　社會科學與未來的社會◀

周陽山

一 社會科學的功能與特性

社會科學是一種「認知性」的學科，也是一種「實踐性」的學科。社會科學不僅可以促進我們對現實環境的瞭解與認識，也可以運用這些知識，進而改變我們所處的環境。基於此，社會科學不僅是認知的科學，也是實踐的科學，應用的科學。

　　透過社會科學的知識，我們可以掌握問題的真相，進而瞭解應透過何種方法與途徑，並改善我們所處的環境。譬如說，社會學對於「自殺」問題進行科學的研究，瞭解到「自殺」的社會性、經濟性背景與時間性因素，以及自殺者的人格特徵，然後歸納出各種成因及防制之道。如果我們運用相關的知識，對這些因素有充分的掌握，就可杜漸防微，針對一些特別性格的人，施以心理輔導，解決其心中的困惑。並且在特別的社會背景與時機，多做一些防範的工作，其結果則可能是自殺者的減少，並達到防制自殺的積極效果。這就是透過科學知識掌握社會，瞭解社會問題之所在，並且運用這些知識改變社會，達到改善社會現象的目的。因此，社會科學對社會的發展，實有積極的作用。

　　但是，社會科學的功能卻不一定都是實用性的。社會科學本身也提供了一套理解與反省的機制，讓人們拓展知識的視野，瞭解世界，掌握現實環境的變動方向，同時也使自己更瞭解個人的性向與人生歸向，使人生更為充實、也更具積極的意義。這種反省、思辨的功能，表面看來，並無立即的實用性，但卻是一種「無用之用」，往往對自己的人生發展，構成關鍵性的影響。

　　基於上述的分析，吾人可以瞭解，社會科學與自然科學雖然都追求「科學」和「真理」，但是自然科學研究的對象，除了生物學與生理學外，多屬「身外之物」，可以做純粹客觀、中立的研究。而社會科學的研究對象卻是社會，也包括處於社會中的自己。因此社會科學不易做到純然的中性、客觀與科學，也很難擺脫價值的判斷。雖然有許多社會科學家追求「價值中立」(value neutrality) 或「免於價值判斷」(value free)，但事實上卻很難做到，而且連這些社會科

家本人，也無法免於價值立場的干擾。由此可知，社會科學本身處於「既超脫又介入」情境中，正是它的主要特性之所在。因為社會科學本身「超然」的特性，可以讓我們作為反省與思辨的借鏡，而它的「介入」的特質，則可供吾人用於實用性的知識工具，藉以改善我們的生活處境。

就此而論，社會科學既是實用性、應用性的知識，也是科學性、辯證性的學科，這正是它的特性所在。

二 社會科學與社會

社會科學既是一種「認知」與「實用」的學科，它對社會的功用無疑是巨大的。譬如說，透過對經濟現象的掌握，經濟學提供了一套瞭解經濟成長、分析財富分配、預測經濟情勢的指標與知識工具，可以用來處理整個社會的經濟問題，並作為經濟施政之參考。

同理，吾人也可以借助於政治學對選舉結果的分析，以及對政黨政治的理解，掌握各政黨在選舉中的動向或趨勢。此外，諸如人類學與民族學對民族問題的研究，也可提供政府與社會作為處理族群關係、制訂民族政策之參考。而社會學、人口學對於人口變動趨勢的掌握、人口品質的認識，以及區域與城鄉人口結構的分析，均可作為政府在釐訂人口政策、區位政策與都市鄉村政策時之參考。

事實上，任何一門社會科學知識，都可提供社會與政府，作為施政與改善生活環境之參考。基於此，在社會科學中，也有一些屬於應用性的學科，如政策科學、公共行政、企業管理、國際貿易、資訊科學、圖書館學、教育學等。這些學科，多是運用其他相關學科之研究成果，運用到具體的社會情境中去，並藉以解決這些社會組織中的實

務性問題，這正是社會科學對社會所發揮的一種積極功能。

　　但是，任何實用性學科都必須依賴一些基礎性學科所提供的知識基礎，方能進一步整合基本知識與現實的素材，形成一套實用性的知識。如果缺乏了基本的學科知識，這些實用性的學科就會流於膚淺，對於現實問題的掌握也就不會深刻，在解決問題時也就會出現許多瓶頸與盲點。舉例而言，如果教育學者對人格心理學、成長心理學、精神醫學缺乏基本理解，對於青少年的偏差行為（如飆車、鬥毆等），就不易有深刻的體認，在解決青少年問題時就很可能會發生「隔靴搔癢」的弊病。基於此，任何實用性的學科均須以結合相關的基礎學科為前提，並力求深刻，這才會使它解決問題、改善現實處境的「實用性」提高，對社會也才能發揮積極的效用。

研究 & 討論

一、什麼叫做社會科學？

二、人類研究社會現象的方法有什麼樣的歷史沿革？

三、社會科學的特性是什麼？

四、試比較「社會科學」、「社會研究」與「行為科學」三者的異同。

五、社會科學的「科學」概念究竟所指為何？試申其意。

六、自然科學的研究方法是什麼？

七、社會現象與自然現象間最大的差異為何？

八、社會科學的發展有什麼可能的走向？

九、社會科學有那些實用功能？試舉例證之。

十、「價值中立」是否可能？請表達你的看法。

十一、社會科學是否可能改造社會？請舉例證之。

參考書目

柏格，《社會學導引》，臺北：巨流。

謝高橋 (1997)，《社會學》，臺北：巨流。

第二章　個人心理與社會行為

馮　燕

▶第一節　身心發展與學習行為◀

　　每一個人自出生開始，便步上一個自然發展的過程，這個過程就是使人隨著時間的推進而趨向生理及心理與社會成熟，我們一般稱之為成長的過程。在成長的過程中，各種生物皆遵循一個逐漸發生的原則 (epigenetic principle)；也就是說，一個生物的生長程序，是以一種有規律的方式出現，直至發展成一個機能完善的有機體，人類在這個生長過程中，另有一種學習的效用，使得人的發展，包括了生理及社會心理等層面，也就是這種學習行為，使得人能有別於其他動物，而得以創造文明，累積文化。

　　在生物學及心理學界皆主張可以將人類一生的發展，以其同質特性與社會位置，依年齡分成幾個階段，稱作生命週期。大略來說，可將人的一生分為兒童期、青少年期、成年期及老年期。而生命週期的概念，旨在說明人在一個特定生命階段的各個方面之變化，並可瞭解各階段的相互關係。在階段發展論中有一原則存在，即是前期的發展經驗是下一階段的基礎，而且會對後續每個階段的發展都有其影響及貢獻。

一 學習是什麼

在一般人的概念中，或許「學習」只是限於在知識、技能範疇內的傳達與接受。但愈來愈多人認為，在自我成長以及人格成熟、待人處事技巧上都應該不斷地學習以突破自我能力的限制。這種對待學習的態度，就正如我們中國的古諺：「活到老，學到老。」也因此學習的方法是與人的發展、動機、社會行為等有密切的關係。

在心理學的分析中，學習的定義是：「經由練習和經驗而持久地改變行為的一種歷程」。那些不必經由練習而來，或是暫時性的行為變化並不叫學習。不必經由練習的行為變化包括因成熟、發展、疾病或其他肢體上損傷所引起的變化；而暫時性的行為變化指的是那些因身體疲勞，或由酒精、藥物所造成短期性的變化。

要構成「學習」的產生，是要有刺激 (stimulus) 和反應 (response) 的聯結，此一聯結的建立有賴多次的嘗試練習，以達到穩定的狀態。一般的心理學家將學習行為分為下列幾類：

㈠反應式制約 (respondent conditioning)

此種學習的形成，乃是藉由刺激物伴隨著非直接性刺激物的出現來引起個體反應，這樣的過程使個體學習到即使是非直接性的刺激物出現，也會有相同的反應出現；這理論是由俄國生理學家巴夫洛夫 (Ivan Pavlov, 1848–1936) 所發現的。巴氏將一小導管插入狗的口中，發現當食物放入狗的口中之前，狗已開始分泌唾液了。接著巴氏把食物的出現配合上鈴聲；數次之後，發現狗即使只聽到鈴聲，也會有分泌唾液的反應。

在日常生活中，這樣的學習模式可以用來解釋在類化事物的反

應，亦即接觸到相類似的事物或狀況時，個體會有相同的反應。如：有人懼怕老鼠，所以只要看到小小的、黑色的、毛絨絨的東西，就會不由自主地害怕起來。

㈡操作式制約 (operant conditioning)

此種學習模式，乃是個體為了增強物而主動去做一積極主動的行為。而這增強物分為正增強，如獎勵，和負增強，如懲罰兩種。正負的增強將鼓勵及減弱我們行為發生的頻率。這理論模式乃是哈佛大學心理學家施金納 (B. F. Skinner) 的實驗建立的。施氏把一隻小老鼠放入箱子，箱子中除了一根槓桿和位於槓桿下的小杯子外（用來提供食物或水等增強物），其他並沒有什麼設備。當小老鼠放進箱中後，先開始探索環境，然後不自知地按到槓桿，增強物即開始出現，由於食物的增強作用，老鼠按槓桿的動作會急速增多；反之，如果食物不因按下槓桿而繼續出現，老鼠按槓桿的反應則會漸漸消失。

通常我們在作出一些行動之後，有滿意快樂的感受，我們就會讓這行為再發生，就是所謂的正增強，就如當我們利用課餘時間在外打工，得到了應得的報酬而可以買自己所喜歡的物品，我們就會願意下次再去打工以獲取自己想要的東西。要是在動作發生後，有某種不愉快的經驗，則我們就會減少這行為的發生，這就是所謂的負增強。就像是當我們觸犯校規而被處分後，我們即會去控制自己不要再犯規，以免被懲罰。

㈢模仿 (modeling)

我們由模仿別人而學到許多東西，在心理學上，這種學習方式叫作模仿學習。雖然模仿缺乏創造的精神，但是模仿也有它本身的

優點。有許多經驗，是由前人多方摸索、歷經嘗試錯誤的階段，終於達成一些有效可行的方法和解答。模仿學習是取其精華而仿傚，自可避免前人所犯過的錯誤，而省略許多用來嘗試的時間。

模仿學習理論近年來被社會學家用來解釋現代社會對人格發展的影響力。如大眾傳播中具有侵略和破壞暴動性的電視節目，對孩子行為有著不良的影響，使孩子的行為具有侵略性，這種影響即是小孩模仿學習所造成的。也因此在我們對於個人態度、價值和理想的學習過程中，應盡量接觸正向積極的事物及環境，使自己趨近於良好的學習歷程及結果。這也就是我們所謂的「見賢思齊」，以及「近朱者赤，近墨者黑」的道理。

㈣認知學習 (cognitive learning)

在前面的學習理論中，所提到的刺激和反應的建立，是比較簡單的學習模式。然而大部分人類的學習都是比較複雜的，個人的知覺、知識及個人經驗等個人因素，皆是影響學習的重要因素。當個人面臨一個有問題須解決的情境，往往不能用某種已習得的技能或行為反應方式去解決，所以個人須收集必要的資料和訊息，或經由多次嘗試學習和吸收旁人類似經驗而來解決問題，這種經過統整的學習模式，就叫認知學習。

就正如我們在學校中上課，老師會教導學生所有該學習的技能和知識，但在考試時所出的題目，往往並非和上課時所授的一模一樣，而是要學生去連結從前所有學習的內容與技術，才能得出答案。這樣的學習是須花較多的時間，包括運用思考、推理、記憶等各種認知能力的過程，比前面所提及的學習理論都較為複雜。

(五)技能學習 (skill learning)

由於生活上的需要或是個人慾望的滿足，我們必須學習許多不同的技能，這些技能的範圍相當廣泛，舉凡說話、寫字、打球、彈琴、打字或游泳等活動皆是。而這類技能上的學習原則，即是「熟能生巧」。以英文打字為例，是須反覆的練習，才能變成一自動化的行為反應。

根據心理學家的分析，技能的學習可以分為三個階段，這三個階段是認知 (cognition)、固定 (fixation) 和自動 (automation)。認知的階段主要在熟悉所要學習的技能，例如學打字的人首先需要對字鍵位置有所認識。在固定階段，即在我們開始動作時，由身體活動和接觸而得到反饋，使知覺和動作漸漸有了良好的配合。進而繼續練習，自動化即能達成。

因此我們在學習一些技能時，不能光憑講解或觀看他人演示，這些都只是學習的開端而已，若要達到熟練的地步，我們實需有恆地付出長時間參與活動，由多次的練習中獲得知識與動作的統整來達成學習的目標。

二　身心發展的階段

從社會心理學及發展心理學的觀點來看，發展乃是一建造過程，也就是早期階段的成就將會被視為資源，納入到下一發展階段的行為學習基礎之中，這一發展結構因而更形壯大。在各個發展的階段 (stage of development) 中，有其特殊的發展任務，且有許多種行為可視為每一個階段發展任務完成的表現。每一個階段都有某些特徵來將其前後的階段加以區隔。

　　社會心理學家艾瑞克森 (Erik H. Erikson, 1902–1994) 提出了心理社會發展的八個階段理論，來說明人的一生成長。他把人生分成：(1)嬰兒期：從出生到二歲；(2)幼兒前期：從二歲到四歲；(3)幼兒後期：從四歲到六歲；(4)學齡兒童期：從六歲到十二歲；(5)青少年期：從十二歲到二十歲；(6)成年期：從二十歲到三十五歲；(7)中年期：從三十五歲到六十五歲；(8)老年期：從六十五歲到死亡。在每一個階段中，都會產生如生理機能、社會心理、智能及社會技巧等各方面的發展。而艾瑞克森的理論強調各發展階段的任務與危機，也就是說在每一個發展階段，人們都面臨著一些獨特的問題，使個體在該階段的試煉中，培養出克服危機所需的能力與美德。若是能夠安然度過發展危機，順利進入下一階段，這個人的心理需要和技能就可配合社會文化中的期待，其最終的目的是培養與他人交往的互動能力。下文我們將以艾瑞克森的八個發展階段為架構去看人一生的身心成長。

三 各發展階段的任務與學習

(一)嬰兒期（從出生到二歲）──信任感

　　在二歲前，嬰兒腦部的發育變化是最快速的，而嬰兒所攝取的食物營養品質良好與否，將是影響腦部發育健全的關鍵因素。所謂腦部發展包括了情感及心理社會的反應。

　　這個階段的嬰兒將會開始對事物存有好奇心、喜歡或討厭某些人及事物，亦有生氣、憂傷、害怕等情感的發展。而影響這些發展的主要因素乃是父母親或其他主要照顧者（如保姆或祖父母等）對嬰兒所付出的愛及親密的互動，這種親密的情感連結稱為依附感

(attachment)。若這階段的嬰兒沒有從與成人相處的經驗中，得到滿足的慈愛、哺育、安慰和良性刺激，也就是沒有發展好具有安全性的依附感，則他們將無法發展出信任 (trust) 的情緒。

信任感的發展，對人一生的影響，在於產生基本的安全感及相互連帶感，將能受益於與其他成人建立良好關係，並能使人處於有利發展智能的地位，使幼兒敢嘗試新經驗，帶著好奇心及自信心去面對艱鉅、有挑戰的環境，使其學習機會及效果都能增加。若能順利度過這個階段，就會發展出「擁有希望」的德行。

㈡幼兒前期（從二歲到四歲）──自主性

自主性的特徵是具有活力和堅持性，這時的幼兒會堅持由他們自己來做大部分事情，直到他們能自主地掌握狀況，是學習企圖心最旺盛的時期。他們可能堅決反對別人的幫助，並認定他們自己能應付所面對的各種情況，但卻常因錯估自己的能力，或不瞭解挑戰的困難度而受挫。

由於在大多數的狀況上遭遇到失敗，或父母親缺乏耐心，不斷地給與批評、責罵及阻止，有些兒童未能獲得完整的控制感，即產生了一種極度的羞怯和自我懷疑感。羞怯的經驗是極不愉快的，為了避免它，兒童可能躲避各種新活動的學習。這些幼兒對自己能力缺乏自信，他們總覺得自己做什麼都會失敗，所以停止試著自己動手，因而新技能的獲得就變得緩慢而艱難，自信感和價值感被持久的懷疑所替代了，使得他變成一個乖順、不闖禍，但亦可能是依賴、害羞而缺乏自主性的孩子。而能夠克服這些階段性社會心理危機的孩子，將會擁有「意志力」的德行。

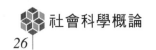
(三)幼兒後期（從四歲到六歲）──主動創造性

在學齡前這階段，兒童把注意的焦點轉移到外部環境的摸索調查。這種對環境的積極摸索調查，即是艾瑞克森所說的主動創造性（initiative）。當兒童獲得了自我控制能力和自信心時，他們就能採取各種行為並觀察其結果。他們開始好奇地問許多的問題，他們喜歡拆東西，探索周圍的不明環境，並運用雜物玩遊戲。自主性是指用身體進行對世界的探索，而主動創造則是用概念思維進行對世界積極的調查。

當兒童在進行摸索過程中，成人的某些反應會讓兒童得知，某些問題是不能問的，某些行為是不可以做的。如：中國社會中，父母親總避諱一些性知識的問題。兒童逐漸把社會文化的禁律內化，並學會抑制自己的好奇心。

內疚感是當一個人意識到自己對一種不被接受的想法、幻想或行為負有責任時所伴隨而來的一種情緒。若成人總是嚴厲地限制兒童的探索時，兒童便開始覺得自己內心中的任何問題和懷疑都是不正當的侵犯。在這種環境下，兒童因為害怕可能對別人造成危害或痛苦，便學會了嚴格限制自己的新行為。結果是兒童覺得好奇心本身是被禁止的，只要它一出現就感到內疚。這樣的發展導致兒童幾乎完全依靠父母或其他權威人物來指導其去認識這個世界，而沒有任何主動創造的動機去瞭解新的事物。有幸在父母或學前照顧人員的協助下，順利地得到各種摸索機會，未被失敗擊倒，發展出主動態度的幼兒，便自然會傾向是一個目標取向的人。

(四)學齡兒童期（從六歲到十二歲）──勤奮

學齡期的兒童開始對自己是否能對社會團體有所貢獻，作出思

索的程序。所以在此階段常會聽到孩童立下心願:「將來我要當⋯⋯」的諾言。勤奮 (industry) 的概念指的是對學習新技能與從事有意義工作的渴望。這渴望有驅動的作用，使孩童在各方面的技能學習更加接近成人的能力。

入學後孩童所學到的事物、技能，都會帶來增強他們自我價值感的新責任。除了自我驅動的因素外，外部來源的獎賞也促進了技能的發展。父母和教師透過分數、物質獎勵、額外的表揚和情感的表達，都能鼓勵兒童將事情「做得更好些」。

不能掌握某些技能的兒童，將會體驗到自卑感。各人在能力、生理發展與先前學習經驗上體驗的差異，不能避免地會導致某些領域的無能感。沒有人能把每一件事都做好，因此總會在某些地方體驗到某種程度的自卑。

社會環境也透過社會比較的過程，使人產生自卑感。兒童面對許多比較性的言論時，無形之中就在評價自己。特別是在學校情境中，教師對兒童的分組、評分與當眾批評，都是拿他們與別人作比較，這都將刺激其自我意識感、競爭感和自我懷疑感。許多心理研究指出，學業失敗以及隨之遭到的公眾嘲笑，最容易使人產生消極的自我形象。經常達不到學校、老師要求標準的兒童，站在自己定會失敗的觀點上，將認為自己沒有能力為較大團體的發展做出貢獻，它使個人非常難於投入社會大團體中，並失去控制環境的動機而變得怠惰。所以當兒童在各種努力之後，學習到社會技能，「勤奮」獲得正面肯定的經驗，將會使他克服自卑，而且看重社會技能學習的意義。

㈤青少年期（從十二歲到二十歲）──認同

　　從青少年期起，因為身體快速地成長，個人的外表改變既迅速又明顯，尤其是第二性徵的出現及生殖力成熟的過程，使得少年既困惑、害羞，又覺得意、欣慰，這些成長快速帶來的各種衝突和激盪，令少年的情緒起伏不定，容易衝動而且感情用事；一方面卻又急於證明自己已脫離兒童期的依賴狀況，可以作為一個獨立的個體，因此特別需要被尊重，需要發揮自我的機會。然而不穩的情緒和不完全理性的態度，卻使青少年在生活中，人際關係上常會碰到挫折，因而產生了艾瑞克森所謂的「認同危機」(identity crisis)，也就是說，少年們急於證明自己是個獨特的人，卻又沒有足夠的自信去定義自己。對兒童期的依賴性和父母，甚至師長的權威產生抗拒心，以免妨礙自己的獨立，所以往往向同儕尋求支持，以解決上述衝突帶來的焦慮與不安感。

　　在同輩團體中，因為擁有類似的困惑、情緒、興趣、生活經驗，使得彼此極易溝通，在相互影響的過程中，自然發展出一種包括語言、舉止、裝扮風格、生活習慣、興趣品味都和主流（成人）文化不大一樣的次文化。少年藉著對其次文化的認同，來測試其自我概念，並突顯出自己的獨特性。因此，雖有人視少年的情緒不穩與特立獨行之需要，而稱此期為人生的狂風暴雨期，但大多數少年仍能與其家庭及父母維持良好的關係。只要他們在伸展個人獨特性的過程中不致受挫太深，少年對大社會的價值觀與規範，亦保有相當程度的順服性。如果在初級團體（家庭）與次級團體（友伴同儕）的支持下，讓少年能夠有機會發展其個人認同 (self identity)，又不致排斥原有的家庭認同，並且可以銜接社會認同而順利邁入青年期，則

這一段克服認同危機的經歷，會幫助青年認識到「忠實」的美德。

㈥成年期（從二十歲到三十五歲）──親密

生理的健康狀況處於顛峰，大多數人會在這段時間內做有關親密關係的決定，結婚建立家庭，或是延後婚期，追尋其他的人生目標，而把親密感的寄託放在原生家庭，或親近朋友身上。這個時期亦是做職業選擇、人生前途規劃與衝刺的時期。有些人很早就能確定自己的人生方向，無怨無悔地朝向目標努力；有些人則徬徨遲疑，邊做邊看，常思換軌道而行。因此擁有良師益友，以及共享親密情感的伴侶益形重要。

從具有保護色彩的家庭與學校生活中，邁入複雜且更具競爭性的大社會中獨立生活，個人尋求可以作出承諾的人或事，在追尋及履行社會承諾的過程中，有些人找到人生的意義而奮發圖強，對社會充滿好感；也有些人沒有成功，則可能受苦於孤立感和自我沈溺。社會生活適應得比較好的，會學習到愛的真諦，而且願意為社會作出貢獻，成為社會發展的中堅分子。

㈦中年期（從三十五歲到六十五歲）──無私

身體健康、活力和能力出現逐漸衰退的現象，個人智慧與實際問題的解決能力高，但記憶力和創新力則會下降。照顧子女與年老父母的雙重責任，與婚姻家庭的關係都造成壓力，而在四十五歲左右開始所謂的「中年危機期」，亦即對人生意義、自我概念、生活模式感到需要重新反省甚至改變，以使自己再次感受到活力與重新出發的喜悅。女性經歷停經期，對個人生理和心理都會造成相當的影響。兩性關係漸趨和緩，女性一般變得更堅強，男性一般變得較親切而較會表達。

　　成熟的中年人開始關心並栽培下一代，但也有些人則害怕面對年輕人的競爭而感到貧乏或有無力感。在人生及事業的顛峰狀態中，使人對生活及人生的滿意度亦維持高峰，有遠見的人便值此開始作老年期的生涯規劃，在財務、生活安排及情誼方面預作準備，以迎接老年期的到來。這個時期的人發展出來的德行是關心人及社會，而心理社會發展的危機則是停滯不前與怨悔。

㈧老年期（從六十五歲到死亡）──統合

　　雖然健康與體能有衰退現象，但大多數現代老人仍是健康活躍的，而且保持心智靈敏，雖然反應變慢且記憶有些衰退，但多數人能找到補償之道。從事業生涯退休的人，閒暇增加，收入減少，需要有適當的生活安排才能得到良好的調適。在感情方面，可能因逐漸失去親友、甚或配偶而常感悲傷，但也能從兒孫輩的茁壯和成就中得到喜悅。

　　老年期的人一方面會對自己過往的一生經歷逐一回憶，開始接納自己的一生，需找出自己生命的意義，以面對接近的死亡。統合人生成功的老人，即擁有發展出人生智慧的德行，否則便會陷入絕望。

　　在人的一生中，每一個發展階段都有其任務與危機，但是危機並不一定全然有害，若能掌握住適當的方法去應付，危機中亦有成長的契機與轉機。而學習則是人類扭轉劣勢，占有優勢的最重要行為。無論是主動的學習，或是依照既成體制中設計的學習模式，都是造成人類文明與進化的重要因素，因此把握住每一個成長階段的核心任務，增進個人的學習動機與機會，是個人發展與社會進步的原動力。

▶第二節　動機情緒與成熟人格◀

　　什麼叫做成熟的人？生理發展的成熟一定會伴隨而來人格的成熟嗎？成熟的人可以說就是社會適應良好的人；一個人能夠處理好自己的情緒與行為，有適當的自信與人互動建立關係，而且又能充分發揮其社會功能，扮演好自己的角色，使他身邊的人不會因他而受到傷害，甚或因他而蒙其利，就是成熟人格的表現。而各個不同的生命週期階段，各有其不同的任務與期待，因此成熟人格雖需經驗與時間的歷練，倒也未必絕對與生理發展有關。換言之，可能有人相當年輕即很成熟，也可能有人一輩子都不能算成熟的人。

一　人格理論

　　各家各派的人格理論很多，佛洛依德 (S. Freud) 將人格分為本我、自我和超我三個系統。本我 (id) 是指非理性、無道德的原欲驅力 (drive)；超我 (superego) 是人格中道德、正義的部分，以判斷行為的是非對錯，其功能在壓制本我的驅力，使人趨向完美；自我 (ego) 是管理、控制與調整本我與超我之間衝突的人格執行者，亦是人與真實的外在世界接觸的部分。而人格就是這三個系統整合後的表現。

　　羅吉斯 (K. Rogers) 則相反地強調人內在力量的效果，認為如果在一種激勵成長的氣氛中，人格的形成將會依照個人自定或所希望的方向邁進，因此主張應該要真誠的面對自己的人格組成，放棄不必要的防衛與真實世界互動，因而得以社會化與建設性的方式行動，達到人格成熟。

其他還有行為發展學派，如學習理論、角色理論中的人格說與特質論的人格理論，以及生理論取向的類型說。除了以生理特質為基礎的類型說，將人格分為血質 (sanguine)、痰質 (phlegmatic)、膽汁質 (choleric)，和黑膽汁質 (melancholic) 等四類外，其餘人格理論學說大多以成就動機、自我概念、情緒模式和行為表現為人格的內涵。

二、成就動機

動機（motive 或 motivation）在心理學的發展方面，算是一個較新的名詞，自二十世紀初期才開始流傳。所謂動機，就是指人類行為的原因，發生於可觀察的行為之前，因此是一個需以推論方式測知的抽象觀念。解釋行為原因的理論可以分成數種：「理性論」者以理性 (rationality) 為基礎，認為人有自由意志，可以依其理性來決定其行為，柏拉圖為其代表。「機械論」者則認為人沒有自由意志可言，是如同機械一般，被一些物理規則或力量所決定，故人類行為是可由一些條件來預測，十七及十八世紀的哲學家，如笛卡爾、霍布斯及洛克等都採這種觀念。「本能論」的代表人物屬二十世紀初的麥克道格 (W. McDougall, 1908)，則主張人是有機體，而且有一種天生的力量，使其行動有遵循的方向；因此人的某些行為傾向是遺傳的、本能的，且任何種族或年齡的人都享有共同的特徵。本能論的觀點，對後來心理分析動機理論的建立與發展有相當深遠的影響。「驅力論」則主張有機體因有基本需求，因此發展出滿足其基本需求的驅力 (drive)，這個驅力即一種行為激發狀況，形成行為和行動的原因；霍爾 (C. S. Hall) 及艾金生 (R. C. Atkinson) 的成就動機理論，都是源

自這種基調。「誘因論」則認為環境中某些目標對象或刺激的特性，才是引發及導引行為的重要因素，所以主張研究動機時，不僅要考慮有機體因生理需求而來的驅力，亦應注重環境中的目標刺激引發有機體所產生的誘因。

　　社會心理學家依循上述各種動機，亦即行為發生原因論的取向，發展出人類成就動機，也就是影響或決定個人成就行為的動力理論。以墨雷 (Henry Murray)、馬里蘭 (D. C. McClelland) 為首的心理學家，主張成就動機來自人追求成就（或成功）的欲望、需求；而以艾金生為主的另一批學者則認為，成就動機要再加上希望成功與害怕失敗兩種心理傾向，才會構成個人的成就行為。而這些心理傾向，與個人人格中自我概念的特質，息息相關。

三 自我概念

　　對於「自我」這一概念，若是給予它一個最簡單的定義，就是「你如何看待自己?」試著想想看：若要求你對自己作自我介紹，除了姓名、年齡、就讀學校、科系年級之外，你還可以怎樣界定自己呢?

　　自我概念使得人人成為世界上獨一無二的個體，它顯示了我們是什麼樣的人、有什麼樣的特質。羅洛‧梅 (Rollo May) 曾說：「自我不僅只是個人所扮演的各種角色的總和而已，而且是個人瞭解自我扮演這些角色的能力。它是個體瞭解並覺察到多面向自我的核心，我們對自我的看法，也會成為我們觀察、評價他人的標準。譬如他們比我高或是比我矮? 比我漂亮或是比我醜……等，我們從自我的參考架構中來看待他人以及自己。」

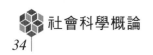
心理學家對「自我」這一個概念，曾作出以下三種區分：

㈠理想我／現實我

所謂理想我是指自己期望成為的理想型態，而現實我即是目前自己認為的實際樣貌。在理想我與現實我之間，有些人的差距較小，就會擁有較佳的自我概念；當個人的現實我與理想我差距較大時，則可能會對自己有所不滿，而此種不滿便構成了一種問題情境，個人必會針對差距作一些回應或努力，以解決因理想我與現實我的差距所造成的心理衝突。

㈡物質我／精神我

物質我意指個人的身體、服飾、頭銜……等，可以用來界定「何者為我」的私人所有物；精神我則是個人內心狀態，舉凡個人的意志、對事物的看法、價值觀、態度及內心的掙扎等，這一部分界定了個人的精神存在。

㈢主觀我／客觀我

心理學家將前者稱為 "I"，後者稱為 "Me"，「主觀我」是個人對自身一切活動的感覺及認知，包括生理狀態（身材、體型、五官）、心理特徵（快樂、悲傷、興趣、愛好）、人際關係等觀察，這些個人對於有關自己的瞭解與洞察 (insight)，形成對他自己的看法，使他能夠調整自己的認知和行為；「客觀我」則是一種經外人覺察後得到的自我概念，社會學家柯里 (C. H. Cooley) 曾提出鏡中自我的概念，即人與人之間，互相為對方的鏡子，藉由他人給與自己的回饋，可以得知自己在他人眼中的形貌、價值觀及人格特質等。因此個人對於自我的認知，不全然只是個體內省的活動，他也需根據與他人的互動接觸，想像他人對自己的判斷和評價，將其內化為一種自我認知，

以形成自我概念的一部分。

　　個人的自我概念，除了經由其內省及自我探索之外，最初的發展，乃是經由與他人互動而形成的；尤其與生活中的顯著他人(significant others) 的接觸，是最具有影響力的。對於大多數人來說，所謂顯著他人係指生命中最早的互動對象——父母，所以父母或是主要照顧者的角色，對於個體之自我發展，往往居於關鍵性的地位。親子之間不同的互動型態，對孩童的自我概念有極深遠的影響；許多社會研究皆指出如果父母對小孩有較多的接納、正向的關懷，則小孩比較容易感覺自己是有價值的，自我概念會比較高；反之則否。又如生長在不同社經文化背景的家庭，則個人被要求遵從的規範及行為準則亦不相同，因此個人在自我概念上也有不同的認知及發展，也會有不同的自我評價方式。

　　隨著年齡的增長，個人接觸的層面愈來愈廣，如同儕、師長或是傳播媒體等，都會造成一個人調整對自我的看法。在兒童時期，師長的對待與評價，對兒童的自我概念模塑，是父母以外的另一種影響力，而在青少年時期同儕團體的影響力尤其明顯，當個體進入青少年期之後，開始重視同儕間的看法，因為與同儕團體接觸的頻率及深度，可能都遠較家人來的多。在與同儕團體的接觸中，個人可以檢視自己是否受人喜愛？在成就上是成功抑或失敗？是否與同儕的價值觀相同或有所差異？在這種個人與團體的比較中，自我概念得以不斷的調整。

四　情　緒

　　「情緒」是人格展現的部分之一，它本身也仍是一種抽象的概

念，有人認為情緒是種感覺，也有人認為情緒是一種反應，但亦有人將情緒歸為思想的一種。艾德勒 (R. B. Adler) 與道恩 (N. Towne) 則認為可以用四種現象來說明情緒：(1)生理上的變化：當強烈情緒來臨，或情緒發生變化時，身體同時會經驗很多生理現象，心跳、血壓、胃部、肌肉甚至內分泌功能都會有變化；(2)非語文方面的表現：一個人的情緒是正向或負向，振奮或消極頹喪，亦會表現在個人的姿態、手勢、表情、動作上，而說話時的聲調與肢體語言也是表露情緒的號誌；(3)認知上的解釋：因為強烈情緒的生理現象其實都很相似，但要分出該種反應是正向如興奮、高興，還是負向如生氣、害怕的經驗，仍在於認知的過程，亦即我們對那種生理反應的詮釋與標籤；(4)語文表達：最清楚的情緒表達方式，就是當事人用語文作表達，用直接指示的相關形容詞或名詞，如我很快樂，或是用間接的描述性字句，如我想大聲唱首歌或我覺得心裡很亂等。

我們應該盡量認識自己的情緒，並學習適當地表達情緒。艾德勒歸納表達情緒至少可以得到五種好處：(1)可以更瞭解別人。因為與人分享自己的情緒，最容易得到回饋，進而使我們能夠知悉別人的情緒反應，有助於人際關係的良性互動；(2)可以讓別人更瞭解自己。主動表露情緒，使別人不必費心猜測揣摩，不但減少誤解的機會，更容易讓人覺得和我們相處較輕鬆而安全；(3)人際關係更穩固。有情緒分享經驗的人際關係，往往更容易縮短距離，建立進一步的緊密聯結，雙方也會感覺更親近，友誼更穩固；(4)有助身體健康。如果壓抑不良情緒，往往會引起一些所謂的身心症或心因性疾病，如胃潰瘍、偏頭痛、腰背痠痛等，所以適時舒緩帶來壓力的情緒，當可預防那些身心症的發生；(5)抒發情緒帶來愉快真實的感受。把

真實的感受或情緒抒發出來，會使我們有如釋重負的輕鬆感，進而感到愉快而且喜歡這種感覺，久而久之，就會因習慣而變成一個真誠的人。

　　但是心理學家艾里斯 (A. Ellis) 從認知決定行為、影響行動的立論基礎上，分析很多人不成熟的行為，如不負責任、逃避成長、逃避思考、自我毀滅、完美主義與過分自責等的主要原因，是有一些基本的非理性情緒認知，如果不去反省與自我提醒，我們很可能都會被這些非理性的情緒引導，而一再地重複上述各種行為，在與人互動時又會從他人反應中得到再度增強，而逐漸喪失面對真實情緒，調整自我概念，進而發展成熟人格的機會。艾里斯分析我們主要的非理性情緒有：

　　㈠每個人絕對需要生活環境中每一個他人的喜愛與讚賞，否則將是一件很悲慘的事。這是一件不合理的事，因為要得到每一個人的喜愛是不可能的，一個人若花費太多力氣去討好身邊每個人，不但可能因達不到目的而失望，也可能因無法發揮自己的特長與獨立性，而喪失了自主性與創造力，也就是喪失本可能使自己更可愛的機會。

　　㈡一個人必須要處處成功，很有成就才是有價值。艾里斯也認為這是一件不可能的事，若有此念頭，必將遭遇到很多不必要的挫折與衝突，和別人掀起不必要的競爭。有理性的人應有自信，從自己的成長與學習中獲得成就感，而不是為了要比別人好才努力。

　　㈢有些人是壞的、卑劣的，所以應該受到苛責與懲罰。這個想法不理性之處在於每個人都會犯錯，犯錯的原因可能是來自愚昧、無知或情緒困擾，而不一定是本質上的邪惡，所以苛責與懲罰並不

能帶來行為上的改變。而且事實的對錯，亦很難有絕對的標準。所以有理性的人在別人犯錯時，會分析原因並設法助其改進以避免繼續犯錯，而不是情緒化地一味苛責。

㈣事情稍不如意，就很嚴重像災禍要降臨一般。誇張不愉快的情況，只會使自己沉溺於挫敗而無力造成改變，說不定因此而使事情愈演愈烈。所以相對的理性情緒，是面對不如意時，接受它或去想辦法改變它。

㈤不幸或不快樂的事肇因於外在環境，個人無力克服。事實上，不幸的解釋與感受通常來自個人心理狀況，尤其是壓力的感受，內在因素遠大於外在環境因素的影響，因此這種情緒是不理性的。

㈥應該不斷地密切注意可能會發生的不幸或危險。這種心理使人形成焦慮，造成社會功能的干擾，甚至終會促使事件的發生，形成自我暗示的預言效果。所以艾里斯主張人要提醒自己，潛在的危險並不足懼，焦慮也不會防止不幸發生，要避免傷害唯有適當地作預防，並面對實際狀況。

㈦逃避困難與責任比面對困難與責任容易。事實上逃避並未使困難或責任消失，只會帶來以後的更多問題、不滿與自信的失落；而且容易的生活並不一定是快樂的生活。因此理性的人會認識到接受挑戰，解決問題，擔負責任後的成就感與社會認可，才是愉快的來源。

㈧找到一個更強的人去依賴是幸福的。依賴其實會使人失去學習機會，中止成長，進而失去自信心及安全感，永遠在擔心被依賴者的可靠性時，幸福感是會打折扣的。有理性的人會懂得自己滿足自己需求，創造自己價值的幸福感。

㈨宿命論地認為過去的一切決定現在的行為。過去的影響會成為一個人逃避現實的藉口，事實上過去與現在的環境與各種相關因素都有改變，所以定會產生不同的結果。有理性的人會去分析過去造成影響的因素，然後參考以把握或改變現況。

㈩好的人應該為別人的難題與困擾而緊張或煩惱。緊張或煩惱對困難是沒有任何助益的，尤其有時別人的難處與自己並不相關時，表現得比當事人還要慌亂，實在是很沒有意義、不成熟的行為。若是無關，則鎮定地給予情緒支持，與自己有關則設法提供協助才是理性的反應。

㈠每個問題都定有正確而完美的解決之道，若找不到這種方法將非常糟糕。有些問題可能沒有完美的解答，解決之道需要在一次次的嘗試中修正摸索而來，不理性的焦慮情緒往往會阻卻個人嘗試解決問題的勇氣，以致愈發不可收拾。

總之，認清我們可能會有的不理性情緒，才能掌握住希望成功的成就動機，在不斷地與人互動中學習並修正自我概念，將使我們更有機會展現出穩定、統整而且一致的人格特質。在人生發展的歷程中，把握要點隨時作自我調適，自當能夠獲得適當的成熟度與合理的人際關係。

▶第三節　兩性關係與家庭生活◀

「家庭」是人類第一個生長接觸的社會場所，並在塑造人格上占有重要角色，在這節中，我們將去瞭解家庭生活對人類的影響，並從中深思自己所成長的家庭，以及未來自己所要組成的家庭。構

成一個家庭，最基本的要素乃是一男一女的結合，因此我們先探索男女在各方面的差異，接著介紹在男女交往上應要如何瞭解，尊重彼此不同的差異，最後再看婚姻家庭生活中的兩性關係及親子關係。

一 兩性角色的差異

在人類的社會中是由男性和女性兩種性別角色所組成的，同時不論是遺傳或社會環境的影響，都會因性別角色不同而有不同的性別行為。一般來說，男女差異可分為：男性天生較傾向於進取、獨立、客觀、理解力較強、具競爭性及野心，有冒險性、直爽和不輕易表達情感等。女性則是感情豐富、溫和、善解人意、主觀、服從、不喜歡冒險、競爭且較依賴的。這些特質有些是由遺傳而來，有些則是社會環境所賦予的，例如：社會普遍相信男性較具野心，所以我們就期待他事業發達，能夠負擔起照顧家庭的責任；而社會上普遍相信女性較具溫柔體貼的特質，並不好強，所以並不期待她有高成就的表現，而賦予她要負擔照顧丈夫子女及家庭的責任。這些由社會環境所賦予的性別期待行為，也會隨著社會環境的變遷而改變。例如：目前社會環境及價值觀的改變，造成職業婦女增加，女性由傳統留在家庭的角色，逐漸走進社會投入職業領域。

根據科學的研究，性別角色的學習在文化學習及生理遺傳兩方面的互動，有很大的影響。所謂文化學習的影響，形成所謂「社會化」的過程，也就是社會影響個體在對其期待的內涵化過程。不論男孩、女孩都是由出生開始，即不斷地向周圍的環境學習，不論是向父母長輩的角色模仿，或是由電視、書籍或同伴間的學習，都有形無形地形成兩性的性別角色社會化學習。而生理遺傳影響了天生

的一部分性別差異，而透過社會化的學習，更教導了與性別有關的行為及角色的不同。男人與女人都透過這些歷程學習適當的性別行為及性別角色，同時也在瞭解周圍環境的異性，減少因不瞭解而誤犯的許多不當或冒犯行為，才能增進兩性之間的合宜互動關係。

二 男女交往

　　青年男女的交往，隨著時代變遷，自由開放風氣的影響，其形式變得自在且多采多姿。交往不再是透過媒妁之言，而是男女自己透過相處而認識的。一般而言，青年男女互相交往有兩個明顯的目的：一是相愛的情侶試著瞭解對方；一是試圖爭取對方的誓約，最後結為夫妻。因此交往的階段，始於男女雙方承認對方是自己的「男」或「女」朋友，而至結婚前止。

　　男女雙方因著彼此吸引，都期待能有更進一步的認識和更親密的關係，所以會透過約會 (dating) 來增進對彼此的瞭解。約會制度約在二十世紀初期出現在人類社會，一直流行至今，約會成為人們所使用的方法，來達到選擇伴侶的目的。從小學時代開始，我們便開始參與一些不同性別的活動，而藉由在學校中的活動我們可以學習兩性之間的交往。正式的約會大概到青少年期以後才被重視，在此階段的學校生活中，經由男女相約的團體活動，例如：一起從事室內的看電影、閱讀、參觀美術館等，或是戶外的球類運動、郊遊、爬山等。一開始可能是一群男女朋友、同學相約的活動，透過幾次活動的認識，互相吸引的男女便會進一步私下相約，開始兩人的約會。

　　這時期的交往會隨著交往深度的不同，而面對不同階段的問題，

例如：我是不是找對人？父母是否同意我們的交往？我是不是他唯一的對象？他的父母會不會接受我？我們之間的親密關係可以發展到什麼程度？除了這些問題之外，還有許多來自家庭、社會的壓力，或是自我成長及兩性交往學習的焦慮。在我們的社會中，大部分的男女同學在遇到這些問題時，都很少向父母長輩們請教，這一方面牽涉社會環境的壓力，父母長輩會認為學生應以課業為主，另一方面是傳統中國家庭保守的作風，阻隔了年輕一輩從父母輩那裡學習兩性交往的經驗。但是，同學們可向信任的學校老師、輔導機構的老師請教，都是可以提供問題解答的良好資源。此外，坊間有許多關於兩性交往的書籍，甚至正確性知識的刊物也不勝枚舉，可以自己到書店翻閱或買回家閱讀，甚至組成讀書小組和同儕們一起討論等，都是可以增進兩性交往的知識，並提升解決問題的能力。

由於社會風氣逐漸開放，許多保守的觀念漸漸被打破，同居、試婚及婚前性行為也逐漸在我們的社會中存在，並造成許多效法的風潮。但是有些青年朋友們，在兩性交往上有不當的瞭解或認知有偏頗，因著跟隨一些錯誤的風尚觀念，而造成無法挽回的傷害。所以若想在這方面的男女交往做更多嘗試的青年朋友們，應先問問自己是否在這方面有了足夠的瞭解及對於後果承擔的能力，否則輕易的跟進風潮，受傷的終究是自己。

 三 家庭關係

(一)婚姻與家庭

所謂家庭乃是先由一對成年男女，經由結婚的程序，成為社會公認的夫妻，並開始共同經營夫婦生活，也就是透過婚姻關係才構

成了家庭。漸漸地，家庭由夫妻單位發展到親子及諸多家族親戚的聯結之生活團體；是特殊性、私人性、長久性的共同生活單位。因此，婚姻關係乃包含在家庭關係裡。

　　婚姻與家庭關係都是一個人一生中最基本的人際關係。透過婚姻及家庭關係，我們學習與另一個完全不同的人相處，進而發展其他的親戚、朋友、同事及鄰居的關係，並可能養育孩子，經歷人生許多不同的階段，每個階段都按著程序的發展而來，也有許多需面對及處理的課題。透過這些歷程，使個體能夠在學習中得到成長；此外，如果婚姻及家庭關係良好，連帶地也會影響一個人的交友、事業及工作或休閒活動的生活，因為良好幸福的婚姻及家庭生活是個人生活動力的最大來源。所以如何謹慎選擇婚姻及經營家庭生活是一個人一生中重要的課題。

　　婚姻和同居是不同的，二者雖然都提供給一對伴侶彼此之間心理上、性行為上的親密，以及情感的支持。但是婚姻關係中比同居關係有更多的責任，透過婚姻關係，伴侶雙方負起對家庭應有的責任，並視對方為其生活中的重要分子，並努力保持彼此良好的關係，簡而言之，就是雙方履行對婚姻的承諾。而同居並沒有任何的義務去履行彼此間的承諾。

　　男女雙方在決定選擇婚姻前，有許多現實因素是必須考量的，包括：足夠獨立維持家庭的經濟基礎、和伴侶之間對家庭責任分工的協調、和其他親戚間的來往關係、彼此溝通的期待、對性行為的期待、婚外友誼的共識建立、錢財的分配和管理等議題，都應該在婚前就和伴侶溝通協調清楚，否則婚後才發現問題存在又無法解決，對婚姻關係來說是種傷害。

　　當一對伴侶經過各方面的考慮，決定成為夫妻後，就開始進入共同的家庭生活階段，一般說來，家庭因其組成分子及規模的不同，分為大家庭、折衷家庭、核心家庭及單親家庭等。而家庭功能一般社會學家認為有：

　　1.生育的功能：提供對生育及養育子女的社會控制。家庭對子女負有照顧和扶養及促成其社會化的主要責任，維護子女在家庭中能夠安全的成長。

　　2.經濟的功能：家庭也提供共組家庭分子其食、衣、住、行等各方面的實際需要，藉由家庭分子間彼此的合作，成為一個經濟單位，也成為一個相互依賴的生產單位。

　　3.感情的功能：家庭提供給其組成分子一種安全感及歸屬感，雖然家庭並不能滿足每個人所有的感情需要，但是它對其組成分子確實提供某種程度的感情支持。不論屬於何種規模的家庭組成，其間的親屬網絡都成為重要的情感支持來源。

㈡親子關係

　　現代社會由於家庭計畫的推行與實施，以及避孕方法的改善，許多夫妻可以自己選擇要不要有孩子，以及什麼時候要有孩子。一個家庭中不論是妻子生育或是收養孩子，都使得一對夫妻開始扮演父母的角色，這個新加入的家庭成員，將給這個家庭增加一些生氣，同時對家庭中的其他成員而言，也帶來新的調適階段。而且現在的家庭一般而言，子女數平均都比以前來得少，對孩子也相對的寶貝起來。但是，有些父母望子成龍、望女成鳳的期待，反而使得孩子倍受壓力，不能享有愉快的童年；或是過分溺愛的結果，養成孩子為所欲為的個性。而且孩子在不同的成長階段，有不同的成長需要，

究竟為人父母的角色應該如何扮演？如何建立與孩子之間良好的親子關係？其實是決定成為父母前的人必須知道及學習的功課。

　　孩子從出生之後，家庭便是他第一個，也是最重要的學習環境，父母是他最早接觸，也是在他生命中的重要人物。根據許多教育學家的研究，一個人從出生到三歲的階段，是後天性格建立的重要階段，從學齡前階段開始孩子學習生活的規則與戒律，也藉由他好奇的探索周圍的環境，慢慢地對自己及周圍的人、事、物有了初步的認識，隨著時間的增長，也漸漸學會表現符合社會要求的行為。此外，幼兒對環境中的人、事、物都會有模仿的能力，模仿是包括行為上的學習，以及態度和觀念的建立。所以，新生兒從出生開始，就藉由成人的安排，在環境中成長，學習在該環境中所接觸的事物，環境就像一面鏡子，幼兒在這面鏡子中認識自己，而自我認識、自我肯定、自我接納也就在其中形成了。如果這面鏡子晦暗不明或扭曲不成形，都會影響一個人人格的發展與成熟，難怪古代會有「孟母三遷」為孩子選擇最佳生活環境的例子。所以，父母為自己的孩子選擇什麼樣的成長環境非常重要，並且對孩子的教導，包括身教和言教都是構成孩子成長學習的鏡子。父母希望孩子能長成健全有為的人，就必須瞭解環境對孩子的影響，且注意環境是否適合孩子的學習和成長。

　　孩子需要管教嗎？答案是肯定的。因為幼兒的智慧未完全開發，也未建立成熟的是非判斷能力，所以為人父母者應給予適當的賞罰，來幫助孩子建立正確的是非觀念，並幫助孩子能有符合社會規範的行為。所以，在孩子小的時候需要以賞罰來協助他明白事情的對錯，但是等到他年紀漸長，逐漸有能力能夠自我判斷時，就應改用事先

告誡、事後討論的方式，藉由良好的溝通，以培養孩子有能力去明辨是非，成熟地待人處事。父母雙方在孩子的管教方面也應該事先溝通，建立一致的管教態度，最好也能和保姆或學校老師時常溝通管教的原則及觀念，同時也瞭解孩子在家庭外的行為表現，而能夠適時及適當的給予孩子指導與糾正，並讓孩子能在一致的管教態度環境中，建立整個自我行為標準，而不是看人行事，無所適從。

從孩子有能力能夠表達自己的意見開始，就可以和他作語言的溝通，父母有些行為的要求可以說給孩子聽，也讓孩子有機會表達自己的想法，讓親子之間能夠建立在互相瞭解及溝通的基礎上來處理任何的衝突，是比較民主的管教態度。父母為培養孩子獨立的個性，應適當的選擇時機給予協助，而不是無條件的替他處理，讓他能夠有機會利用自己的力量來解決事情。

父母的態度對孩子有很大的影響。愛是人類基本需求中很重要的一項，孩子從他出生有知覺開始，便需要愛，成人親切的關注及愛的接觸，對任何階段的孩子而言都是非常需要的。關切及接觸的表達方式很多，忙碌的成人常忽略平常就該與孩子建立良好關係，等到孩子生病、受傷時才後悔自己的忽略。事實上，花時間和孩子相處固然需要，但是，愛是重質不重量的，它是一種發自內心，能讓對方感受到親切、真誠、不自私的感覺，所以，即使只是眼神的接觸、微笑、親切的抱撫以及一同歡笑、一同享受一段時間，都是很好的愛的表達，就算是還不會說話的孩子，也能敏感的感受到大人對他的愛，以及自己是不是被疼愛。如果從小就和孩子維持愛的關係，自然也就能建立良好的溝通關係，因此孩子心裡有心事或遭受挫折困難時，自然會向他值得信賴的長輩傾訴及求助。

　　雖然孩子的成長過程，父母需負起很大的責任，但在養育的過程中，父母必須有一理念，孩子並不是父母的財產，也許他小的時候柔弱無助需要大人的撫育，但是，他會逐漸的成長，發展自己的思考模式及價值觀，父母不應該期望孩子完全和自己一樣，甚至必須完成父母的期望，完全成為父母的所有物，父母應認知孩子是一個獨立的個體，才能站在孩子的立場尊重他，他也才能學會尊重自己。

▶第四節　人際關係與溝通技巧◀

　　人類學家亞得利 (R. Ardrey) 在其《社會契約》(The Social Contract) 一書中指出：溝通能力的發展，使得人類的祖先能夠以脆弱的體能條件對抗環境中的各種不利與敵意，求得生存衍生後代，並創造了文明與人類的社會，這一切的成就都是靠人類能夠一起工作，一起計劃，而使得人類可以和其他動物有顯著區分，得以共同計劃、工作及生活的能力，就是靠溝通促成的。

一、人類需求的滿足

　　即使在現代社會中，一個人若想在社會生活中得到各種需求的滿足，往往也不是自己單獨的力量即可達成的。心理學家馬斯洛 (A. Maslow) 將人類的需求，分成五個層次的型態（見圖 2-1）：

　　㈠最基本的層次是生理需求。是人類為維持生存而產生的需求，如：飢餓、口渴、疲勞、性欲等，使得人必須要獲得食物、飲水、休息及個體成熟後尋求性伴侶，以確保生命及種族的繁衍。這些需求和一般動物求生本能是一樣的，所以稱為動物性的基本需求。稱

之為基本需求的另一個意義,是因為它是人類第一優先考慮的需求,所謂「衣食足而知榮辱」。除非有極高的意志力和精神感召,就一般人性而言,人必須要在基本需求滿足後才會尋求更高層次的需求。

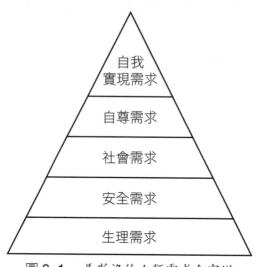

圖2-1　馬斯洛的人類需求金字塔

㈡人類第二個層次的需求是安全需求。當最根本的生理需求獲得滿足後,我們就會尋求安全的保護,這個安全感來自兩方面:使自己免於受到環境中攻擊而受到傷害的安全感,以及有持續獲得基本需求足以維生的安全感。因此人類能夠在尋求安全需求的滿足中,習得為未來的安危打算。

㈢第三個層次統稱為社會需求。包括愛、被愛及歸屬感的社會需求,是人類在生理及安全需求已確定獲得滿足後產生的。天生具有社會性的人類,會有強烈的情感,不但要有愛人與被愛的感覺,還會希望能夠被某個團體接納,成為一群人中的一分子,以滿足被社會認同的需要。

㈣更高一層的需求，是自尊的需求。每個人都有自我尊重與被他人尊重的需要，前者是指人要感受到自己的能力、價值、獨立性等自信，後者是指需要獲得他人的重視和欣賞，亦即對社會肯定、名譽、地位等的需求。

㈤最高層次的需求，是自我實現的需求。當前述各層需求都獲得滿足後，人會要求自己充分發揮潛能，以實現自己的最高價值目標，達成自己所訂人生追求的最高境界。

由此簡述即可看出個人需求的滿足，要靠有效的溝通才能完全達成。不但在社會需求以上的層次，因為牽涉到人我之間的關係，必然得靠溝通才能滿足，即使是在人生初期，較基本的生理及安全需求，亦得經由表達自己需要，獲得他人（父母）瞭解及接納後才能被滿足。

二　人際關係的本質

人際關係也有人稱之為人我關係，是指一個人在和他人相處甚至共事時建立的相互情感與互動模式。所謂人際關係良好，大致是指能夠使人瞭解自己的善意，容易獲得別人的信任與接納，而得到友善的回應，友誼的溫暖，甚或欣賞與幫助；人際關係不好，則是在和人相處時常起衝突、爭執而不能化解，容易造成誤解、不信任，以致不容易得到他人的合作與接納，甚或感受到猜疑、冷漠、排斥等負向情緒。換句話說，人際關係良好就是指人和人之間相處和諧，彼此接納與信任的一種親近狀況；而人際關係不好則是人和人之間不容易和諧，總是會發生歧異的狀況。

從人文區位學（human ecology）的觀點，或稱生態學的觀點來

看，每個人的人際關係，都是由一個「我」為中心，和無數個遠遠近近而且彼此亦可能有連帶關係的「他人」連結而成，形成一個網狀的結構。有些人的人際關係網絡比較簡單，表示他的生活中接觸到的人較少、較單純；也有些人的人際關係網絡結構中人又多，牽連又廣，表示他有一個複雜的人際關係。然而無論是多簡單或多複雜的關係，每個人都會把社會生活中的「他人」，作一個親疏遠近的劃分，即使是再強烈的使命感，都不可能完全平等對待人際網絡中的每一個「他人」，因而每個人都會有「顯著他人」與「一般他人」的區分。在區位結構中與「我」較近的，就是顯著他人，通常是指在心理上較為親近，對自己影響力較大或自己較看重的人，例如：父母、家人、好朋友或尊重的師長等。因此從這個角度來看，所謂人際關係良好，並不完全意味著擁有一個既大又複雜的人際網絡，因為個人的時間與精力有限，人際關係數量增加後維持良好品質並不容易。比較實際的觀點，反而是以與顯著他人或身邊較接近的人，建立上段所描述的親近關係為人際關係良好的指標，亦即在日常生活中與周遭的人好好相處，因此個人溝通的模式就非常重要了。

除了良好或不良的人際關係歸類外，還可以從社會學的角色與地位理論來看人際關係的本質。每個人在社會中占有一種位置，而且社會對占這種位置的人有一定的期待，這些位置就是地位，隨著每一種地位而來的行為及功能的組合就是角色，角色和地位的共識就規範了人和人的互動模式。在各種社會情境中，有些角色是屬於工具性的扮演，有些角色是非工具性而是會與人發生較情感性的互動交流。前者所建立的人際關係，往往是片面的、膚淺的，如顧客與商家之間的關係；後者則會有個人情緒感受等私人經驗的分享，

是較具深度的人際關係，如親人、好友之間的支持與互動。若要擁有深度人際關係，與人作順暢的溝通，分享彼此經驗與情感的能力，亦是不可或缺的條件。

三　溝通的過程與要素

有人認為與人說話就是溝通，有人認為找人設法解決問題才是溝通，也有人在需要說服別人時認為自己在做溝通，真正的溝通定義應屬「以上皆非」，而是指在發訊者和收訊者之間一次完整的訊息傳遞，包括發出訊息和自收訊者處得到回饋。因此所謂的溝通，實有五項重要元素運作其中，而且各有其影響溝通成敗的效應，這五項元素是㈠發訊者，㈡訊息，㈢頻道（環境），㈣收訊者，㈤回饋。

㈠發訊者

因為他是主動促成這次溝通的人，所以在過程中占有優勢，然而亦應對溝通的成敗負有較多責任。發訊者的態度是否正確，對自己要傳送的訊息是否清楚，是否有耐心等候回饋以確定溝通的順利完成，而不致造成誤解，換言之，發訊者的表達能力和正確的溝通態度，會密切地影響溝通的成功。

㈡訊息

溝通的目的即順利地傳遞訊息，因此訊息的品質會影響其目的之達成與否。訊息可能是語文形成的，如話語、文字、圖畫等，但各種語文訊息亦可能擁有外延內容（即表面意義）和內涵內容（即隱含在內的意思或情緒），也就是所謂的「意在言外」，或「話中有話」。如果訊息本身的內涵內容太多，就是訊息隱晦或過於複雜，將使人不易解讀，徒增困擾。訊息也可能是非語文的，譬如溝通者的

肢體動作、音調、表情，甚或彼此之間保持的空間距離等，都會增加或減弱甚至轉變語文訊息的內容，而造成更多的效果或困擾。

㈢頻道（環境）

就是指訊息通過的環境，亦會干擾到溝通的順暢。譬如當電話線路中有干擾，通電話的人就要提高聲量，一再重複，甚或只好暫時放棄通話。在一般的溝通中，環境是否吵雜，使用的工具是否有效，都是所謂溝通頻道需考量的因素；此外，另有一種心理頻道因素，亦即溝通者雙方的地位是否平等，是否沒有威脅或恐懼或不耐等心理障礙存在，也會造成溝通的干擾。

㈣收訊者

收訊者是溝通過程的另一個參與者，因此其任務不只是純粹收訊而已，還包括了要向發訊者送達回饋，一方面使發訊者瞭解訊息已到達，一方面也可證實所收訊息的正確性。在收訊的時候，會造成溝通干擾的，是收訊者本身的「收訊過濾網」，由其個人喜惡、偏好、聆聽能力、過往經驗等編織而成；所以各人會因自己的刻板印象、先入為主的觀念，本身意願甚或聽力問題，而只接收到自己喜歡的、預測中的訊息，卻往往沒收到更重要的或更完整的正確訊息。

㈤回饋

由收訊者回應發訊者的回饋，亦是一種訊息。回饋的內容可能比較簡單，但因同時具有求證功能，所以也可能會較豐富，有回饋的管道和訊息傳送達成，才能算是一次完整的溝通。

㈣有效溝通的原則

溝通的層次，可以分成七種：個人內部的溝通、人際溝通、小

團體的溝通、公眾溝通、組織性的溝通、大眾溝通，及泛文化溝通。
而下一層次的溝通成效，往往可以作為向上一層次溝通能力發展的
基礎，因此有效的溝通，應從個人內部，亦即自我溝通準備起，正
所謂知己知彼，才是建立良好人際關係的磐石。瞭解自己的特性，
掌握自己的長處與短處，並試著去培養自己的溝通能力，是想要獲
得有效溝通、建立良好人際關係的起步。有幾項增進人際關係和諧
的原則，可以作為個人努力的方向：

　　㈠學習聆聽自己內在的反應，不必一味壓抑自己的反應，但亦
應在尊重他人的立場，琢磨表達己意的技巧，基本的禮節是很好的
潤滑劑，可以保護溝通者雙方的尊嚴。

　　㈡學習與人接觸的方式，減少不必要或容易引起誤解的非語文
訊息，可以使用縮短心理距離的肢體動作，如專注、輕拍、微笑、
點頭表示支持等。

　　㈢學習瞭解別人的動機，要有耐心地等到掌握到足夠資訊再下
結論，而且能夠在瞭解對方真正的動機與處境後，同情甚至接納對
方的狀況，而不要一味以自己的立場來怪罪對方。

　　㈣改善聆聽的技巧，因為真正的優秀溝通者，不是很會說的人，
而是很會聽的人。所謂積極的傾聽，是指以接納的態度，運用同理
心，也就是試著站在對方的立場來聽他的內容，並且適度地送出回
饋訊息，以澄清所聽到內容的正確性。

　　㈤學習化解溝通中發生的歧見與預防衝突，可以採退讓、隔離
（亦即跳開主題），或是運用幽默感的方式，讓可能激起情緒反應的
溝通獲得一個緩衝的機會。

　　㈥掌握適當的溝通時機，無論在時效上，或在溝通環境的挑選

上都應有所斟酌。有時甚至人的生理狀況都會影響溝通，例如很餓、很累、很傷心、很興奮時，參與溝通的意願與能力必然低落，效果自是大打折扣。

　　總而言之，如果能掌握住雙方平等的原則，以尊重的態度參與溝通，並且能保持禮貌，盡量運用善意的訊息，而且注意積極地傾聽，我們就可以算是一個稱職的溝通者，自然容易得到別人相對的尊重與善意，良好人際關係的建立，亦是指日可待的事。

研究 & 討論

一、試述「學習」的定義。一般心理學家將學習行為分為那些類別？試分述之。

二、社會心理學家艾瑞克森 (Erik H. Erikson) 所提出之心理社會發展八階段理論，其內容為何？其意義為何？試分述之。依你個人之體驗，其階段理論是否恰當？試抒己見。

三、你認為「成熟的人」之特徵為何？

四、試論佛洛依德 (S. Freud)、羅吉斯 (K. Rogers) 之人格理論為何？

五、何謂「動機」？其相關理論為何？

六、解釋行為的原因之理論及其代表人物為何？

七、心理學家對「自我」概念之區分為何？

八、艾德勒 (R. B. Adler) 與道恩 (N. Towne) 如何說明情緒的現象？其優點為何？

九、艾里斯 (A. Ellis) 如何分析人類「非理性情緒」？

十、試從心理、生理、社會、文化等層面說明男女差異所在。

十一、試述家庭的功能。

十二、你認為該如何扮演父母的角色?

十三、馬斯洛 (A. Maslow) 之人類需求理論為何?

十四、「人際關係」之定義為何? 試由「人文區位學」、「地位理論」
　　　分析其本質。

十五、溝通之「五項要素」為何? 其「層次」為何? 何謂「有效溝
　　　通的原則」?

參考書目

Hall, C. S., & Lindzey, G. (1965). *Theories of Personality Primary Sources and Research*, New York: John Wiley.

McClelland, D. C., & Lowell, E. L. (1953). *The Achievement Motives*, New York: Appteton-Century-Crofts.

McDougall, W. (1908). *Social Psychology*, New York: G. P. Putnam's Sons.

Murray, H. A., et al. (1938). *Explorations in Personality*, New York: Oxford University Press.

第三章　社會發展與社會生活

鄭讚源

▶第一節　社會角色與社會適應◀

○一角色及其相關概念

　　每一個人在社會關係中都占有許多「位置」(position)，這樣的位置在社會學中稱之為「地位」(status)。地位可以從許多角度來加以觀察，譬如一個人的年齡、性別、教育程度、職業⋯⋯等等。另外一種對「地位」這個名詞的認識，則在一般人的看法中，把一個人在社會上因成就所達到的位置，稱為地位，此種用法和社會學中對於地位的另一種界定方式，則頗為接近。社會學中把一個人經由自己後天努力所獲得的成就，稱為「自致地位」(achieved status)；因家世背景、出生血緣、性別等與生俱來的因素所獲致的成就，則稱為「先賦地位」(ascribed status)。

　　不論是在一個社會關係中所占的位置，或是一個人在社會中所擁有的社會地位，社會會對占有此地位的個人，要求其有與該地位相符的行為，這在一個地位上應該有的行為，即稱為「社會角色」(social role)。每一個人在社會當中有許多組不同的社會關係，譬如一位男性同時是他父母的兒子、妻子的丈夫、子女的父親、上司的部屬⋯⋯等等。同時占有許多位置，而在不同的地位上對此人有不同的行為要求，這許多不同行為要求的總合，即稱為「角色組」(role set)，而其中最主要的角色，稱為「主要角色」(master role)。人們對一角色的要求，稱為「角色期待」(role expectation)，而扮演該角色的人在該位置上的實際行為表現，則稱為「角色表現」(role performance)，當「角色期待」和「角色表現」不一致時，就會使人感覺緊張或焦慮。

「角色組」的觀念既已指出每一個人都有許多角色需要扮演，則這些角色之間的不同要求，亦可能產生一些問題，如「角色衝突」(role conflict) 和「角色緊張」(role strain)。角色衝突又稱「角色間衝突」(inter-role conflict)，指一個人同時扮演兩個或兩個以上的角色時，這些角色的要求產生了衝突對立的情況，例如想當一個好爸爸的人想早點回家吃晚飯，但想當部屬的念頭卻希望加班以提早完成上司交辦事項。角色緊張又稱「角色內衝突」(intra-role conflict)，指對同一個角色有相反或相衝突的要求，例如一位管理者必須同時能夠在工作表現上要求嚴格，但又得關懷部屬，其分寸很難拿捏。

二 社會角色的學習與適應之一：社會化

一個人如何知道他在某一個地位上，必須扮演與其地位相稱的角色？人們學習與其有關的社會角色中應有的表現及行為的過程，叫做「社會化」(socialization)。社會化是一個持續不斷的過程，每一個人從兒童、成年到老年，無時無刻不在學習及適應各種不同的社會角色。根據蔡文輝的整理，社會化的理論有以下五種，茲分述如後。

(一)佛洛依德的潛意識論

據心理分析學者佛洛依德 (S. Freud) 的看法，我們常常不知道

我們自己做一件事情的真正原因，因為我們都是依潛意識而行動。潛意識 (unconscious) 乃相對於顯在意識者，即一個人意識之中較不為自己所察覺的部分。潛意識代表較無拘束、無組織的個人，然若一個人完全依其潛意識而行動則不一定為社會所允許，所以人們總是在潛意識及社會約束兩者間掙扎。對佛洛依德而言，社會化即是潛意識與社會約束力之間調適的過程。佛洛依德將人類求取原始的、生理的需求之立即滿足的部分，稱為「本我」(id)，本我是完全個人的，不會考慮他人的。在人的成長過程中，人們慢慢學習到必須在社會所認可的方式中滿足自己的需求，開始發展出「自我」(ego)，即個人行動與社會約束相互配合的部分。人們尚會發展出所謂的「超我」(superego)，超我是將社會中的對錯、道德規範內化成人格的一部分。原始的慾望為本我，道德良知為超我，兩者之間永遠在爭鬥，而自我則是理性及實際的部分，調節本我與超我間的差距。社會適應對佛洛依德而言，即在於增強、發揮自我的力量，盡量調節本我及超我間的衝突。

(二)柯里的「鏡中之我」

　　社會學者柯里 (C. H. Cooley) 認為他人對我們的看法、讚美或批評，就像鏡子一樣，反映了我們的行為。人們對自己行為及角色的合適與否會加以判斷、評估，於是就如同一個人藉助鏡子來檢查自己的衣著一樣，每個人亦透過他人評估的這面鏡子，瞭解自己的角色扮演是否恰當。社會適應對柯里而言，即在於一個人是否看得清楚鏡中之我，以及從鏡子中看到自己之後如何反應。

(三)皮亞傑的認知發展理論

　　心理學家皮亞傑 (J. Piaget) 認為兒童的認知發展需經歷數個階

段，而且雖然有些人在某一個階段停留的時間不盡相同，但皮亞傑認為每個人都必然經過兒童期到成年期的每一個階段，不可能跳躍。皮亞傑主張人類發展四階段為：㈠「感官期」(sensorimotor stage)，約從出生至兩歲，此時期主要透過感覺及感官瞭解周遭事物；㈡從兩歲到七歲是第二個階段，稱為「預備操作期」(preoperational stage)，主要在學習分辨符號、象徵及其意義；㈢「具體操作期」(concrete operational stage)，約在七歲到十一歲間，兒童開始對事物及事物間的關係發展出具體的概念；㈣「正式操作期」(formal operational stage)，約從十二歲至十五歲，主要是抽象觀念的發展。

㈣艾瑞克森的發展論

社會心理學家艾瑞克森 (Erik H. Erikson) 認為人類的自我發展與社會適應有八個主要階段，在每一個階段中的發展與適應結果，對人類會產生不同的自我意識。第一個階段是嬰兒期，大約在二歲以前。第二個階段是幼兒前期，約在二至四歲。第三階段是幼兒後期，約在四到六歲間。第四階段為學齡兒童期，始於六歲到十二歲的就學期間。第五階段為十二歲到二十歲的青少年期。第六階段是成年期，約在二十歲到三十五歲之間。第七階段的成年中年期是穩定的階段，約在三十五歲到六十五歲之間。六十五歲以後的老年期是第八個階段，是回憶與評價一生過程的時期，各個階段之詳細內容，可參見本書第二章。

三、社會角色的學習與適應之二：偏差行為

社會角色的學習與適應，固然是經由社會化，一旦適應不良或是行為與社會期待不一致時，就可能產生差異行為。所謂偏差行為

(deviant behavior)，指的是社會不容許的行為；如果我們沿用上述有關角色的說法，則是個人不願或不能順從社會對其角色之要求。

個人的行為是不是偏差行為，主要由該社會所判定，而非生理或心理上的先天遺傳。我們按照偏差行為違反社會規範的性質，可以分成偏差行動、偏差習性、偏差心理，和偏差文化四種類型。

所謂「偏差行動」(deviant acts) 指具體的偏差行為，例如自殺以及搶劫；「偏差習性」(deviant habits) 指不為社會所認可，且持續期間較長的習慣嗜好，例如吸毒與酗酒；「偏差心理」(deviant psychology) 指心理上或精神上無法與社會一般人有正常的互動或來往，例如胡言亂語；「偏差文化」(deviant culture) 指與主流文化不同的文化，包括外來文化與次文化兩種。由外來文化造成的偏差文化指的是不同文化間的衝突，例如中外對離婚的看法不相同；次文化則是指一個社會中主流文化之外，屬於少數人的文化，例如近來盛行的飆車文化即是。

社會中有偏差行為的存在是常有的現象，它為社會或團體提供一個警訊，代表社會中有問題需要處理。例如近來中學生自殺事件增多，提醒社會大眾對學生心理輔導、學校教育、升學制度、家庭互動，與媒體報導內容的反省和檢討，並設法糾正或補救。

關於發生偏差行為的理論解釋有多種，我們將逐一加以簡單介紹：

(一)生理學的解釋

認為偏差行為是由生理特質引起的。最早是由義大利的龍布羅梭 (C. Lombroso) 提出，認為偏差行為是由遺傳而來。謝爾敦 (William H. Sheldon) 則發現體型與性格行為有關，例如肥胖者的性

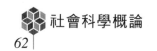
格較傾向追求安逸。

(二)心理學的解釋

心理學家強調幼年經驗的深遠影響力，認為來自遺傳的影響很小，社會環境的影響力也不大，偏差行為主要是幼年時期的情緒挫折或傷害，由人格衝突所導致的一種心理疾病。有心理分析論和行為論兩派講法：對心理分析論者而言，偏差行為是「潛意識」下無法壓制的非理性行為；對行為論者而言，偏差行為則是計算報酬與懲罰後的結果。

(三)社會學的解釋

關於偏差行為之社會學解釋頗多，分析的重點在社會及結構的影響，較不強調個人的特性，整理文獻中的討論可有六種理論：

1.迷亂論：代表人物為結構功能論之涂爾幹 (E. Durkheim) 和墨頓 (Robert K. Merton)，然而兩者對造成迷亂 (anomie) 的理由看法並不相同。涂爾幹認為偏差行為的形成是由於社會規範失去作用。墨頓則認為偏差行為是社會中的價值觀與追求方式不一致所造成的。

2.社會解組：由蕭 (C. Shaw) 和馬偕 (H. McKay) 所提出，認為偏差行為發生在「文化的價值、規範與社會關係缺乏、微弱或衝突時」。

3.文化傳襲論：本論是以「相濡以沫」的觀點來說明偏差行為是一種社會行為相互模仿的結果，例如在貧民區的居民較多以酗酒與打架的方式來發洩心中的苦悶，在該區長大的小孩便比較有機會學習到以相同的方法來解決生活中遭遇到的挫折。

4.文化衝突論：薛林 (T. Sellin)、米勒 (W. Miller)、蘇遮蘭 (E. Sutherland)、可勞德 (R. Cloward)，和歐林 (L. Ohlin) 等人認為偏差行

為乃次文化與主流文化發生衝突時產生的，例如漢民族認為「白就是美」，但部分少數民族則以黝黑與刺青為美，由於審美觀念的不同，造成主流文化和次文化的衝突，故在漢人社會裡，就視刺青為偏差行為了。

5. 標籤理論：貝克 (H. Becker) 提出的標籤理論 (labelling theory) 認為一個人的行為是否為偏差行為需視社會上如何「看待」這個人的行為，例如明星學校學生抽煙可能被解釋成「好奇」或想展現「成熟」，但是職業學校學生做同樣的行為，就可能被解釋成是「作怪」或「叛逆」。

6. 激進犯罪理論：德克 (A. Turk) 和魁耐 (R. Quinney) 以衝突的觀點來解釋偏差行為，認為這是資本主義社會中，對規範的反抗與叛亂，例如新興宗教的集體自殺行為。

（四）社會角色與社會適應──結構影響下的理性選擇

總而言之，社會對每一個人的行為會有各種不同的（角色）期待，社會一方面透過社會化的過程使個人學習其應有的行為；一方面以各種方法制止不符社會規範的行為，使社會上的多數人能各安其分，各盡其職。對個人而言，要如何在社會及環境的影響與限制之下，一方面扮演好社會對自己要求的角色，一方面又能謀得個人的最大福利呢？

鄭讚源提出一個叫做「結構影響下的理性選擇」模型，認為不同的社會結構（包括家庭、社區、工作場所……等）對同一個人會有不同的影響，而此影響可能是有利的，也可能是不利的。同時，不同的社會結構亦會有不同的角色要求。以此觀之，一個人應該在

可能的範圍之內，盡量選擇適合自己的環境與結構，如此一來角色扮演將會較為容易，也較不會有社會適應的問題；如果沒有選擇的機會，則要在結構的現況與限制之中，盡量發揮個人的理性，以求取外界要求和個人目標之間的妥協。

▶第二節　社區意識與社區發展 ◀

一 社區與社區意識

　　社區是什麼？社區按照不同的概念來分類，可分成：(1)地理或結構；(2)心理或互動；(3)行動或功能；(4)綜合或體系；以及(5)混合式的定義。派克 (Robert E. Park)、麥其維 (Robert M. MacIver)，和桑德遜 (D. Sanderson) 等人認為社區是一個由「共同生活的地理地區」和「個人與社會制度」所組成的概念。哈雷 (Amos H. Hawley)、鮑斯頓 (Richard W. Poston) 與格林 (Helen D. Green) 則著重心理或互動的概念，認為社區是居民之間「集體生活」、「互相瞭解，互相協助」和「互相關聯與互相依賴的網絡關係」。史坦納 (Jesse F. Steiner)、史托普 (Herbert H. Stroup)，和布魯納 (Edmund De S. Brunner)，認為社區是以團體自治的方法追求共同的安全、福利、利益和解決問題。華倫 (Roland L. Warren) 和桑德斯 (Irwin T. Sanders) 認為社區是個人及體系的結合，包括有形的組織體系和無形的權力結構。徐震則提出混合式的定義，認為社區是「居住於一地理區域，具有共同關係，社會互動及服務體系的一個人群」。

　　從上面各種定義，我們可以知道，形成社區的要素包括：(1)居民；(2)地區；(3)共同的關係；(4)共同的組織與；(5)共同的意識。而

其中的最後三項即是所謂的社區關係、社區組織與社區意識。所以我們可以說社區即是「居住於同一地區，具有共同關係、共同組織及共同意識的一群居民」。「社區意識」是住在同一地區的居民透過不斷的互動之後所形成的共同想法。社區意識之所在及其強弱，常常是瞭解一個社區是否能夠真正地發揮其功能的主要關鍵。例如表3-1 即是林瑞欽與劉邦富研究臺中市松安社區的社區意識之結果。吾人可以從表 3-1 看到此社區中大部分的居民都頗有「屬於社區」的感覺，如：注意社區的整潔、會與其他居民打招呼……等；但稍微缺乏「社區參與」，如：居民普遍有自掃門前雪的心理、覺得所住社區組織未能發揮應有的功能……等。

社區發展與社區意識

社區意識與社區發展有很密切的關係。什麼是社區發展呢？徐震指出，根據聯合國的定義：「社區發展指一種工作過程，即人民以自己的努力，與政府當局聯合一致，以改善社區的經濟、社會、文化環境，把社區與整個國家生活結合為一體，俾其對國家的進步克盡其最大的貢獻」。

此一過程包括兩個要素：即人民自己參與並靠自己努力，以改善其生活；同時經由政府之協助以發揮更有效的自動、自發與互助。是以社區發展之原意及最終目的就是在「發展社區精神與社區意識」。

聯合國在〈社區發展與其有關服務〉一文中，又將「社區發展」強調為組織社區居民與教育社區居民的工作過程。為什麼要組織社區居民？是為了組織起來從事社區的經濟、社會與文化建設；並由

表 3-1　社區意識量表各題反應（同意／不同意）百分比分析

題　　　　　　項	不同意	同　意
我知道我所居住的社區名稱	13.21%	86.79%
我會告訴別人我所居住社區的名稱	12.07%	87.93%
如果有人提到我所居住社區的名稱我會注意聽	8.37%	91.63%
我關心我所居住社區的各種變化	7.95%	92.05%
我所住社區若有需要我效勞的事情，我會盡力幫忙	9.37%	90.63%
社區居民必須參加守望相助的工作	6.38%	93.62%
我相當留心社區的整潔	6.66%	93.34%
我所住社區的居民我認識不多	72.66%	27.34%
我常主動跟社區裡的居民打招呼	16.88%	83.12%
我很想有一份社區通訊，以便對社區的認識	10.65%	89.35%
我樂意參加社區中的志願性服務團隊	22.22%	77.78%
我願意分攤社區公共事務所需的經費	26.00%	74.00%
我樂意每週撥出時間從事社區服務工作	27.18%	72.82%
對社區內應興革的事項，我會主動向有關單位提出	19.15%	80.85%
我鼓勵家人參加社區的各項活動與事務	17.83%	82.17%
喜歡參加社區活動的人是好出風頭的人	66.29%	33.71%
我常主動與社區其他居民討論有關社區的事情	26.07%	73.93%
聽到社區內有人發生不幸事件時，我覺得很難過	7.10%	92.90%
社區居民有榮耀的事情發生時，我會為他高興	12.91%	87.09%
我覺得社區裡的居民彼此生疏少來往	40.11%	59.89%
我感到社區裡常有令人不愉快的爭端發生	60.09%	39.91%
社區中的事情最好少管為妙	64.12%	35.88%
我覺得我所住社區組織未能發揮應有的功能	25.25%	74.25%
我覺得我並不屬於我所住社區的一分子	73.01%	26.99%
社區中的公共事務最好不要找上我與我的家人	67.38%	32.62%
我覺得住在這個社區的居民格調不高	54.43%	45.57%
我所住社區的居民普遍有自掃門前雪的心理	38.44%	61.56%
我所住社區是個令人不喜歡的社區	69.36%	30.64%

資料來源：林瑞欽、劉邦富 (1993)，《都市新興社區居民之社區意識的發展研究——以臺中市松安社區為例》，南投：臺灣省社會處印行。

改善社會關係與轉變心理態度來建設與發展社區。

　　一般而言，社區發展工作可分為三大建設，即：⑴基礎工程建

設；⑵生產福利建設；⑶精神倫理建設。前兩項著重物質層面的建設，第三項則著重精神層面。但根據徐震的看法，傳統的社區發展工作有兩大誤導：

㈠偏重物質建設的方案論

　　許多方案論者認為社區發展工作，係以改善社區居民的生活為目標，為達成此一目標，他們認為經濟發展的因素比較重要。於是，乃將社區發展方案與農業、工業、衛生、福利等技術專家的工作相結合。這些學術專家忠於他們自己的專業知識與經驗，當他們被指派到社區工作時，他們立即分析社區問題而提出他們自己的工作計畫；在政府批准其計畫之後，彼等即按照預算與進度執行，並常以雇用工人的方式以求及早完成計畫。於是，此種「代替居民工作」的方式乃與社區發展過程中，所強調的「與居民一同工作」的方式，完全相反，因而造成許多社區發展方案不能在社區中保持成果，使許多社區的建設工作，前功盡棄。

㈡偏重精神建設的過程論

　　許多過程論者認為社區發展是社區居民大家一起來討論問題與研究解決問題的過程。他們認為發展一些工作方案不如訓練居民自己從事規劃與執行方案來得重要。他們主張：社區發展是「人」的發展，而人的發展，須運用教育的方式與文化的活動來改變其心理態度，從而改善其社會生活。由於教育的過程相當緩慢，而文化的活動又容易流於空泛，不能切合居民生活的需求，乃往往不容易為社區居民所接受。

　　以上兩種或重物質或重精神的作法，各有所偏，是一種似是而非之論。社區的物質建設與精神建設，為一互為表裡的過程，無法

強予分開。

　　徐震針對以上的缺失，主張社區發展工作中的精神倫理建設，可有以下作法：

㈠與社區實質建設相結合

　　社區實質建設內容很多，包括各種基礎工程建設與生產福利活動。從事此類建設應將培育社區精神的教育過程包括在各個方案之內。以修築巷道為例，吾人應將道路的「工程部分」視為實質建設，而將修路的「合力部分」視為精神建設。因此，在修路過程中必須：⑴引發居民對巷道的討論與認識；⑵提交社區理事會的討論與決定；⑶爭取各機構的合作與支持；⑷發動居民的參與及取得政府的援助；⑸將社區修路之完成作為社區合力建設的榮譽，並繼續進行建設及維護此一工程之成果。

㈡與社區組織工作相結合

　　吾人可將現行社區理事會加以擴大，使其包括：⑴地方熱心公益人士；⑵各宗教、教育、衛生、環保、福利等機構及議會之代表；⑶社區專業團體之代表，而後由政府給予支援，以協調與規劃一個地方社區之多種建設工作。在此一有力的社區理事會之下，從事三大工作：⑴協調規劃；⑵募集基金；⑶推展服務。

㈢與社區共同問題相結合

　　社區公德心的培養，歸屬感的產生，以及公共秩序的維護，常表現於社區居民對社區問題的看法與處理的態度之中。因此，社區理事會對當前大家共同關切的問題，應提供讓社區居民表達意見與改進辦法的機會；並藉著這些意見的表達以激發居民的公德心、歸屬感及參與意願與合作行為的認識與重視。

㈣與社區教育工作相結合

　　英國稱「社區發展」為「大眾教育」的代名詞；美國將「社區發展」列為「成人教育」之一環；聯合國則稱「社區發展」為「社會改造運動」。因此，基本上社區發展就是一種對社區居民的教育工作，而且是在各種社區活動中進行，將公共道德、法律知識、行為規範納入於社區居民的生活習慣與價值觀念之中。

　　臺灣當前的社區發展工作，主要是由政府負責推動，並由各級社會行政機關主管落實。在工作的推動方式上，大約可分為兩種模式，即：

　　㈠直接推動方式：社區的許多工作項目與工作方法多半由政府核定並由政府撥款補助及派員指導辦理，這種作法的優點是比較快，容易見效；但缺點是居民沒有參與的機會，而社區發展協會的理事長與理事們也處處聽命上級，依賴上級，無法自助自治。

　　㈡間接推動方式：是政府於協助組成「社區發展協會」以後，其有關社區中工作的需要，工作的決策，均交由此一協會自行決定，政府的工作人員只是站在輔導、協助與顧問的立場，予以幫助，一切盡量鼓勵由社區自助與自治。此種作法，有時候比較緩慢，但實行久了，成為習慣，比較能養成社區的自治能力與自強精神。

　　由於以上兩種推動方式，各有其優點與缺失，所以對於經濟教育較低的社區，可以多給予一些指導與幫助，對於社區內經濟教育程度較高、社區協會能力較強的，無妨多讓他們自己作主，但兩者都應以逐漸由「他助」引導成為「自助」為目的。

三 社區組織與社區發展

如果吾人希望將社區發展與社區組織工作相結合，則必須先瞭解社區組織與社區組織工作。一般而言，社區組織的模型有三種，茲分述如下：

㈠地方發展取向 (locality development)

認為社區變遷可由社區內多數人廣泛地參與目標制定與行動而達成。

㈡社會計劃取向 (social planning)

強調解決社會問題的技術過程。

㈢社會行動取向 (social action)

強調人口中較居劣勢者如何組織起來，向社區中的其他人要求符合社會正義與公平之資源或待遇的過程。

所以社區組織是為了社區變遷、或為了社會公平，由社區居民團結在一起，形成某種形式的組織，共同解決社區問題的技術過程。在這個過程中，社區居民得以形成共同的目標，可以發現與組織資源，滿足社區的需求與解決問題，同時，在此過程中，也可以型塑社區意識。

至於社區組織工作，要如何進行呢？江亮演曾提出數項原則，徐震與林萬億也有類似的看法。首先，社區組織的基本原則為：

1.組織原則：社區組織本身就是一種組織過程 (organizational process)，所謂組織過程指的是規劃、組織、用人、分工、指揮、溝通、協調、監督……等，經由組織使民眾獲得一致的行動，以解決共同問題，滿足共同的需要。

2.連絡與協調原則：社區工作者或社會福利關係者與有關團體為達到工作效率，必須作好連絡、溝通以及協調等的工作。

3.教育原則：社區工作也是一個教育過程 (educational process)，經由教育民眾，使其改變態度及價值，袪除妨礙社區進步之習慣，並可以增進社區居民的人力資本。

4.全面利益原則：為了實現社會正義，社區工作需以整體社區之需要與利益為依歸。

5.平衡發展原則：物質建設與精神建設，經濟發展與社會平衡同樣重要。

6.工作生根原則：社區工作是社區民主自治的過程，它鼓勵民眾視參與為權利，亦為義務的觀念，積極發掘並培養當地領導人士，充分發揮自動自發、自助自治的精神與能力，如此社區工作方能向下紮根，向上結果。

7.社區自助原則：「自助助人」、「自利利他」是社區工作基本原則之一，所以社區組織工作要協助居民全面動員社區內部資源，使居民接受但不完全依賴外來的經濟與技術的支援。

8.區域性配合計劃原則：社區工作雖以地方的發展計劃為單位，但亦須配合社區所在之地區的國家區域性計劃，使每一個社區發展匯集為國家整體的發展。

9.預防性服務工作原則：「預防重於治療」雖是個醫學觀念，但非常適用於社區工作，社區組織工作強調使居民習於分析其社區問題與解決社區問題，同時在服務方案的擬定上，亦須兼顧目前與未來可能發生的問題。

至於組織工作原則，江亮演認為有以下數點：

1.抓住問題重點原則：認識問題或有關消息，社區居民的相互目標與居民相互的角色，居民的行動動態等等都必須掌握。

2.問題對策原則：社區組織不但要當事者的努力與合作，還常要取得外界的協助，所以要盡量做到有具體的計畫和解決問題所必要的能力與對策。

3.個別化原則：社區每一居民的需求都不盡相同，各社區的情況也不同，他們各有特色，所以處理時，就要因應個別的差異，作個別的處理，以提高社區發展的效果。

4.居民自決原則：以居民為主體，工作人員只是從旁協助者，而不是由工作人員決定一切。

5.整體利益原則：社區的態度與個人的人際關係或行為，都應以全體的利益為前提，不能純以個人的立場或從個人的利益著想。

6.社會資源配合及協調原則：解決社會問題或建設社區均須善用社會資源，所以必須加強社會資源的協調與配合才能順利達到工作目標。

7.居民參與原則：社區組織是強調居民參與，大家一起來關心自己的社區，而共同參與社區活動，以達社區目標。

8.民主自由方式原則：社區組織是由居民自動自發，自願參與社區工作，是講求多數人的意見與決定的一種工作。

9.社區需要原則：社區組織的工作，完全依實際社區需要而推展。

10.訓練人才原則：社區組織一方面解決社區問題或建設社區、發展社區，另一方面是利用居民參與機會來培養社區領導人才，促進社區發展。

11.消弭社區不滿原則：社區組織是解決社區居民所不足或不滿的問題，促進社區進步的工作。

12.宣導、溝通原則：社區組織為順利推展其工作，減少阻力，必須加強宣導及溝通工作，使居民的看法、觀念趨於一致，以便工作之進行。

徐震與林萬億則根據勞斯 (Ross) 的主張，認為社區組織工作原則有十三項：

1.對社區既存現況的不滿，會引發或增長社區內組織的發展。

2.澄清不滿並導入與特定問題有關的組織、計劃和行動中。

3.使引發或維持社區發展的不滿感覺，擴散到整個社區。

4.解決問題的組織，應網羅社區內次團體 (sub-group) 中的正式與非正式領導人物。

5.組織需有容易被接受的目標與工作方法。

6.組織方案應包括可使居民表達情緒與價值觀的活動。

7.組織應善於運用社區中可見的與不可見的善意。

8.在組織內與組織及社區之間，須有主動而有效的溝通。

9.組織需支持並強化與其合作的其他團體。

10.組織應保持彈性。

11.組織工作步調應配合社區現況。

12.組織應培養有效的領導者。

13.組織應在社區中發展其聲望與實力。

實際的社區組織工作流程，則有以下數端：

1.認識工作課題：認識問題所在，認清問題重點、內容與性質。

2.找出解決問題的途徑：什麼方法最有效，找出其可行的途徑。

3.蒐集資料：調查、研究社區實情，瞭解社區需要，然後針對社區需要去推行，所以之前必須先做訊息蒐集。

4.計畫：找出具體可行方法，有系統地加以規劃。如依社區需要與居民願望或整體利益而規劃或設計。

5.組織：把有關機構、人員或居民加以制度化、組織化，以利工作之推行。

6.宣傳廣告：溝通或把計畫讓居民知道，使大家瞭解，而使所有有關的人之意見、觀念趨於一致，化阻力為助力，變反對為支持。

7.瞭解居民心聲：居民的不滿或真心話能夠瞭解，以便溝通或作為改進工作的參考，使工作更完美無缺。

8.推行：由機關或社區組織機構來執行，並發動所有的社會資源，如人力、物力等來配合協助工作之推行，以達工作目標。

9.學習：學習有關知識、技能，作為行動的準則或強化行動的動機。

10.運用技術及資源：技術好可減少不必要的摩擦衝突，利用資源可節省人力、財力，而且可使工作順利完成。

11.記錄與報告：(1)調查研究所得資料；(2)實際推行方案與組織各種機構的工作情形；(3)重大活動經過；(4)整個工作的大事；(5)各種社會資源之配合與調整的情形；(6)工作效果與工作評估。

▶第三節　社會變遷與社區發展◀

一 社會變遷之性質

社會變遷是什麼？摩爾 (Wilbert E. Moore) 認為社會變遷係指社

會結構裡的重要改變。這些改變包括社會規範、價值體系、象徵指標、文化產物等方面的改變。藍迪斯 (Judson R. Landis) 把社會變遷看做是一個社會裡社會關係之結構與功能上的改變。勞爾 (Robert H. Lauer) 認為社會變遷是從個人到全球人類生活裡，各個層次上各種社會現象的改變。

表 3-2　社會變遷之各種分析層次

分析層次	研　　究　　範　　圍	研　　究　　單　　位
1.全球性	國際性組織；國際間的不平等。	國民生產額；貿易資料；政治聯盟。
2.文　　明	文明的生命史；文明的進化史；或其他類似的變遷。	國民生產額；貿易資料；政治聯盟。
3.文　　化	物質文化；非物質文化。	國民生產額；貿易資料；政治。
4.社　　會	階層體系；結構；人口；犯罪。	收入，權力，聲望；角色；人口遷移率；謀殺率。
5.社　　區	階層體系；結構；人口；犯罪。	收入，權力，聲望；角色；人口遷移率；謀殺率。
6.制　　度	經濟；政治；宗教；婚姻與家庭；教育。	家庭收入；投票行為；教堂出席率；離婚率；大學教育人口。
7.組　　織	結構；互動模式；權威結構；生產力。	角色；黨派；管理／工人比率；每一工人之生產量。
8.互　　動	互動類型；交通。	衝突、競爭、友誼等之分量；互動裡之參與者。
9.個　　人	態度。	對各種事務之信仰；渴望。

資料來源: 蔡文輝 (1993)，《社會學》，表 20-1。

　　表 3-2 把社會變遷所牽涉到的分析層次、研究範圍，以及研究單位，做了一個整理，可以協助我們對社會變遷的認識。

　　由表中我們可以看到變遷的主體可以從個人到全世界，變遷的內容也是包羅萬象，不過，這些不同關懷裡的一個最主要的中心議

題，就是將社會變遷當做是社會互動和社會關係等所構成的社會結構裡的結構或功能上的改變。

社會變遷的原因

造成社會變遷的因素很多，我們在討論社會變遷理論時會有進一步說明，蔡文輝曾把影響社會變遷的因素歸納成：(1)工藝技術；(2)意識價值；(3)競爭與衝突；(4)政治體系；(5)經濟體系；(6)社會失調等六大項。

㈠工藝技術

也就是「科技」。社會變遷常常是由於科技的發展。為什麼呢？第一，科技的改變擴大了人類生活的範圍，給人類更多選擇的機會，一種新的社會秩序可能由此產生。第二，工藝技術的發展可能影響了人們互動的方式。新的工藝技術常常帶來新的要求、新的組織和制度，改變了原有的社會互動方式。第三，工藝技術的改進發展可能帶來新的社會問題。工業化後帶來的進步，使人們更能控制生老病死的現象。死亡疾病的控制一方面延長了人們的壽命，可是另一方面卻製造了老年問題。

㈡意識價值

意識是指思想觀念，價值則指人類社會應追求的目標。社會變遷的過程裡，意識價值可能是變動的原因。如黑格爾主張人類歷史是意識價值的發展而創造的。韋伯的資本主義崛起論則強調基督新教倫理的意識價值影響資本主義。

㈢競爭與衝突

競爭雖然不一定造成衝突，但可能帶來變遷。競爭可帶來新的

成分，也常具有創造性和革命性，而激烈的競爭結果往往產生衝突。
競爭與衝突之後，現況被打破，變遷即可能產生。

㈣政治體系

政府至少有三種功能：第一，政府可製造出一個有利於經濟發展的環境，而不直接介入參與。第二，政府可以管制協調經濟各方面的發展。第三，政府可直接介入參與經濟計劃和經濟發展。政府也可能影響社會對自然生態的保護、對種族關係的改善、社會分配的不均、宗教信仰的改變、人口結構的修正等。

㈤經濟體系

經濟體系中最中心的課題是以有限的資源來供應人們的無止境的需求，馬克思的經濟決定論 (economic determinism) 即強調經濟因素對社會變遷的重要性和決定性。馬克思認為生產工具與生產方式決定社會裡所有其他的組織方式；擁有生產工具者成為強勢者，而被剝削的無產階級會因受壓迫而產生共同的階級意識，以抗拒有產階級的剝削及不平待遇；革命和激烈的變遷因而產生。

㈥社會失調

社會常因以下因素而產生失調現象。這些失調乃導致社會變遷。失調的原因包括下列幾種：⑴人口變遷；⑵社會迷亂；⑶資源的不足；⑷角色的衝突；⑸社會職務的衝突。

三 社會變遷的理論

社會變遷的理論，可以分成古典與現代兩大類。古典社會變遷理論包括數個學派，陳小紅將其分為：㈠進化論學派；㈡新進化論學派；㈢衝突論學派；㈣功能論學派；㈤循環論學派；㈥現代化理

論學派。現代社會變遷理論則包括依賴理論與世界體系理論。表 3-3
按照學派、代表學者、主要觀點，及各學派所遭受的批評，將各種
社會變遷理論做了一個整理，有助於吾人的瞭解與比較。

表 3-3　社會變遷理論

分析學派	代表人物	主要觀點	遭受之批評
進化論學派	・孔德 　(A. Comte) ・緬因 　(H. S. Maine) ・摩根 　(L. H. Morgan) ・杜尼士 　(F. Tonnies)	・社會進化三階論： 　神權（軍事）→哲學 　→科學（工業）。 ・身分 (Shatus) →合約 　(Contract)。 ・奴隸→野蠻→文明。 ・社區 (Gemeinschaft) 　→社群 　(Gesellschaft)。	・直線進化必然 　性。 ・兩分法。 ・種族中心主義。
	・史賓塞 　(H. Spencer) ・涂爾幹 　(E. Durkheim)	・強調結構的分化有賴 　功能分工化的配合。 　（社會調適能力增強 　之強調） ・機械連帶→有機連 　帶。	
新進化論學派	・史第威 　(Jolian H. 　Steward) ・沙林 　(Marshall D. 　Sahlins)	・多線進化 (multilinear 　evolution)： 　不同社會會蘊育出不 　同的發展方式。 ・視社會進化為分歧及 　累進變遷並進的過 　程。	・只是一種思考架 　構，而非解釋框 　架。
衝突論學派	・馬克思 　(K. Marx)	・沒有衝突就沒有進 　步，這可說是人類文 　明的法則。 ・變遷而非穩定是所有 　社會必備的特質。 ・人類歷史發展五階	・僅著重經濟層面 　之考量。 ・在實證上站不住 　腳，例如對階級 　對立及對資本主 　義社會的假設。

		段：原始共產→奴隸→封建→資本→社會／共產主義。	
功能論學派	・派深思 (T. Parsons)	・視社會為一由許多次系統所建構成的行動體系，每一行動系統均將分別執行 AGIL 四項功能（A：由經濟體系扮演適應功能；G：由政治體系扮演目標達成功能；I：由社會體系扮演整合功能；L：由文化體系扮演潛在模式維持功能）。 ・社會變遷階段：初民→中等→現代社會。	・其學說常有強烈北美種族中心主義色彩；這可由其著名的「模式變項」觀點中一覽無遺。
循環論學派	・索羅金 (Pitirim A. Soroki) ・史賓格勒 (O. Spengler) ・湯恩比 (A. Toynbee)	・強調人類文明的發展→成熟→退化過程之循環而非累積型態：認為文化或文明可以向前發展，也可能會衰退。	・僅能由歷史回溯中解釋已發生之變遷軌跡，而較不具對未來變遷的預測能力。
現代化理論學派	・李維 (Marion J. Levy Jr.) ・史美舍 (Neil J. Smelser) ・摩爾 (Wilbert E. Moore)	・探討現代化社會的特徵：即「現代性」的問題。 ・特別關注結構分化與整合差距下所引起的社會不安。 ・著重在現代化條件、結果和動力的討論。	・隱含現代化即西化（歐化或美化）之觀點，常被批評帶有西方種族中心主義色彩。 ・直線進化之預設，常忽視了「計畫變遷」之可能和作用。
依賴理論	・法蘭克 (Andre G. Frank) ・沙多茲	・依賴 (dependence) 與依賴性 (dependency) 之區別。	・只敘明現象，而未提出對策，因此常被評為開發

	(T. Dos Santos) ·卡多索 (Fernado H. Cardoso)	·此學説重點在探討當第三世界國家被納入全球資本主義，所涉及之國內階級結構、地方階級及國際資本、銀行、工商農業等掛鉤的情形。換言之，其隱含著：當一經結構體本身內部的整合不足而必須與外界產生關係時，其生產結構自會與國際資本主義體系產生密切關係。	中國家一種情緒發洩或對本身不開發事實的責任推諉給先進國家的藉口。
世界體系理論	·華勒斯坦 (I. Wallerstein)	·透過資本的國際化運作，愈來愈多國家的經濟活動被納入全球資本主義的世界體系中。 ·依各國在此一體系中扮演角色的輕重，而有所謂核心國家 (core country)、邊陲國家 (periphery country) 的分野。 ·華氏指出核心國家和邊陲國家間關係所指涉者為一剩餘價值朝著核心方向作不平等的分配（交換）。至於半邊陲國家的特徵在於他有著近似核心與近似邊陲經濟活動差不多的性格。 ·世界資本主義經濟體系潛藏著三種基本的矛盾：經濟與政治間	·事後歷史的回溯重於事前變遷脈動之掌握。

		的矛盾、供給與需求間的矛盾，及資本與勞力間的矛盾。

資料來源：陳小紅 (1992)，表 13-1。

　　基本上，進化論者將人類社會變遷看做是一種進化過程。進化論者的主張，被批評為過於一廂情願，因為他們把社會的變動單純地二分，而且進化的過程也限於單一而直線。新進化論者如史第威、沙林指出，社會變遷是多線進行的，而且進化是分歧而累進的。

　　衝突學派的馬克思指出由於資產階級的存在，社會中的競爭與衝突就無法避免，而這些衝突與競爭就成為社會變遷的動力。馬克思認為社會變遷的途徑，會延續同一個過程，就是從原始共產到奴隸社會，轉變為封建制度，然後變成資本主義社會，而最終的社會形式，則是共產社會。論者對馬氏的批評，是過於強調經濟制度而忽略其他，而且前蘇聯的垮臺亦顯示馬氏的預測不一定正確。

　　另一位研究社會變遷的古典社會學者是韋伯。韋伯的中心論題是：「何種社會因素把西方文明帶到合理化 (rationalization) 的過程上？」韋伯不相信馬克思所主張的經濟決定論，他認為經濟是受思想意識，特別是宗教思想所影響的，西方的工業化就是一個很好的明證。

　　功能論學者以派深思為代表。派深思認為社會進化史包括三個類型：(1)初民社會 (primitive society) 裡社會、文化、人格等三體系皆無明顯的分化；(2)中等社會 (intermediate society) 是在文字使用開始後才發展出來的，階級開始出現；(3)現代社會 (modern society) 是因工業化、民主革命，以及社會社區的出現而產生的。

以湯恩比 (A. Toynbee) 和索羅金 (Pritirim A. Sorokin) 所代表的循環論 (cyclical theory)，認為人類文明不一定永遠是進化的，發展、成熟、退化可能會循環出現。現代化理論者如史美舍、李維等則注重社會變遷的條件與動力，且預設了現代化即是西化的假定。依賴理論與世界體系理論者的主張，如法蘭克、華勒斯坦等人認為第三世界國家在全球資本主義系統之內，扮演依賴的角色，而位於核心的國家則會剝削位於邊緣的國家。

四 社會變遷與社區發展

社會變遷與社區發展之間的關係是雙向的，也就是說，社會變遷的結果會影響社區的內涵及社區發展工作的方向；社區的發展則改變了社區的面貌，進而使多數社區及整個社會發生改變。

隨著社會的變遷，鄉村與都市社區也發生變化，我們可以從空間結構、職業結構、社會關係，與價值觀念四方面來討論這些變化的內容。所謂社區空間結構變遷，指的是因交通工具與傳播媒體的影響，使社區的範圍不斷擴大，由地理的社區概念，轉變為由媒體形成的社區概念，而社區內所關心的議題，也變成重視共同關心的社會事務。

職業結構的變遷表現在由農業轉變成工業，由居住地區與工作地區混合的生活型態，轉變為兩者分離的生活方式；社會分工越細，使不同性質社區間的相互依賴情形更為加深。

社區變遷也造成社會關係的變遷。在橫向關係中，隨著社會的複雜化使關係更為密切；縱向關係則隨著社區的擴大、交通的便捷，與媒體的多元，使各種社區組織上層階級的控制力與控制幅度加大，

社區已不再是一個單獨的個體，而是社區網絡中的一個連結點。關係的改變，使社區中的權力結構亦隨之而變。

　　價值觀念之變動，則由農業時代強調「因果報應」與「細水長流」的社會規範逐漸被「優勝劣敗」與「適者生存」的行為模式所取代，強調立即的享樂與立即的成功。

　　以上的各種變動，形成了所謂「事緣社區」。社會原可分為：㈠血緣：聚族而居的共同生活圈；㈡地緣：空間關係的共同生活圈；㈢事緣：職業關係的共同利益圈三類。社區中的居民雖然仍可能具有血源關係，也住在同一個地區中，但是彼此間的互賴已經轉變成利益交換，願意共同奉獻的動機下降，對傳統的社區發展工作與社區組織產生了極大的挑戰。今後的社區發展工作，必須掌握社區變遷的變動方向，與社區居民關係之本質，並以嶄新的策略予以配合，才能創造出更符合劇烈變動下的社區發展。同時，多元化社會之下，社會變遷的肇始，亦常從社區開始，所以吾人亦可以社區發展工作之充實來促成社會變遷。

▶第四節　社會安全制度與社會福利服務◀

　　近年來政府與民間對社會福利的相關議題，表現了極大的興趣，各種不同的福利政策與福利措施，如「老人年金」、「全民健保」、「老農津貼」……等等，不管在學術界，在執政黨與在野黨間，在行政院與立法院間，或是在社會大眾及各種利益團體之間，都有很多的討論及許多爭議。到底大家討論及爭辯的是什麼呢？為什麼大家會有這麼多不同的意見與看法呢？什麼是「社會福利」呢？這些是本

節所要討論的重點。

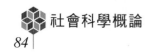 社會福利、社會安全制度，與社會福利服務

　　社會福利的意義，有很多不同的解釋，其涵蓋範圍也有很多種說法。為了說明的方便，此處我們把社會福利分成：㈠廣義的說法；㈡官方的說法；及㈢理論文獻及學術的說法三部分加以解釋。同時，在闡釋社會福利的意義及範圍時，亦將社會福利、社會安全制度及社會福利服務之間的關係，作一簡單的澄清。

　　廣義的社會福利，指的是一個國家的人民，從出生到死亡，都由政府、國家或社會來照顧，是一種「從搖籃到墳墓」(cradle to grave)，人的一生中生活的各個層面與福祉，都由社會及國家負責的方式。當然，這樣的社會福利觀念，只是一種概念上的定義，因為從世界各國的實例來看，不管其政權、體制為何，或多或少對於人民的生活及問題，都會有某一程度的協助及照顧，所以這種廣義的講法，僅能協助吾人對社會福利的意義，有一初步的認識。研究社會福利的學者，則對社會福利的意義及範圍有較詳盡的說明，但由於不同的學者，有不同著重的重點，所以此處只提出幾個具代表性的看法。徐震認為廣義的社會福利指的是大眾的社會福利。包括社會保險，國民義務教育及住者有其屋計畫等，使每個國民的食、衣、住、行與生、老、病、死都有相當的保障。這種制度的優點在於全國國民，不論貧富、階級都有機會享受一律平等的福利與保障；其可能的缺點則在國家的預算負擔過重，而有些人也會因生活有保障而降低了工作動機。

　　狹義的社會福利指選擇性的社會福利，即對貧困者加以分類並

予救助。這樣的福利制度只有在貧窮線以下（或某一生活水準以下）的人，才能經過政府的核准而取得福利。此種福利制度之優點，是政府較節省經費，而其缺點則在於政府與民眾之間，形成一種政府是「施與者」，而人民是「接受者」的救濟意識與恥辱心態。

佛利蘭德 (Walter A. Friedlander) 的看法，社會福利是「有組織的社會服務與制度體系，用以協助個人或團體獲得其生活與健康，並滿足其個人及社會關係之需要」。笛托姆斯 (R. Titmuss) 認為社會福利是「社會集體所提供的服務，用以滿足社會所辨識的需求，藉以彰顯社會共存共榮的意願，以及協助社會弱者的生存」。美國社會工作者協會認為社會福利指的是民間與政府機構所有有組織的活動，以防止、緩和或解決社會問題，或改善個人、團體與社區的福祉。布立格斯 (A. Briggs) 則指出所謂社會福利乃是政府透過有組織的政治和行政力量來干預調整市場力量，確保個人和家庭的生活最低所得，使個人與家庭不致因各種意外事故而陷入困境；同時，每一位公民得以享受其權利範圍內的各種社會服務。佛羅拉和海頓希默 (P. Flora & A. Heidenheimer) 亦指出，社會福利乃是政府對工業化與都市化等社會發展過程中所產生問題的功能性反應，乃是為了解決工業生產結構和關係變遷後所產生的問題，另一方面則是為了社會資源的分配與再分配。國內學者詹火生等人將前述各學者之看法，加以歸納，將社會福利的意義要點說明如下：

⑴社會福利是為解決工業化和都市化發展所產生之社會問題的策略，藉以達到社會整合和勞動力提高的目的。

⑵社會福利必須透過政府相關機構來提供福利服務，分配福利資源。

⑶社會福利透過政府介入經濟市場的運作，使福利服務的提供毋須透過市場的供需法則，達到滿足個人和家庭福利需求的功能。

⑷社會福利服務的提供，在確保個人和家庭的最低所得、保障勞動條件和環境的安全。

為了達到以上各種社會福利的目標，各國政府設計並提供了許多解決問題及保障福祉的政策與方案，雖然不同的福利理念及國家對社會福利制度及政策會有不同，但基本上社會福利的範圍，若按照其功能來分，亦有許多不同的分類，例如希爾 (Hill, 1993) 認為社會福利包括：⑴社會安全 (social security)；⑵個人及社會服務 (personal and social services)；⑶健康與醫療服務 (health services)；⑷教育 (education)；⑸就業政策 (employment policy)。笛妮托 (D. M. DiNitto, 1991) 則分為社會保險 (social insurance)、公共救助 (public assistance) 及社會服務 (social services) 三類。若依福利服務的對象來分，則包括兒童、青少年、婦女、老人、勞工、失業者及低收入者的服務；若依政府介入社會福利的程度來分，則有「強制性」社會福利與「志願性」社會福利兩種；以個人能夠享受社會福利的資格來分類的話，則有「殘補」、「保險型」及「社會權利型」等三種 (A. Ware and R. E. Goodin, 1990)。若依社會福利給付的方式來分，則可分為「現金給付」與「實物給付」兩種；依社會福利提供的來源分，則社會福利可能來自國家 (state)、市場 (market)、非營利部門 (nonprofit sector) 或家庭及社區 (family and communities)。

我國官方的社會福利定義及範圍,則在憲法第十三章第四節中，規定社會安全，包括六種社會政策：㈠就業政策；㈡勞工及農民政策；㈢勞資關係政策；㈣社會保險及社會救助；㈤婦女及兒童福利；

及㈥國民保健政策。民國五十四年,「民生主義現階段社會政策」中,決定社會福利包括:㈠社會保險;㈡國民就業;㈢社會救助;㈣國民住宅;㈤福利服務;㈥社會教育;及㈦社區發展(陳國鈞,民76)。到了民國八十三年,由內政部所主管的業務範圍之社會福利包括:㈠國民年金;㈡社會救助;㈢兒童福利;㈣青少年福利;㈤婦女福利;㈥老人福利;㈦殘障福利;及㈧家庭政策。全民健康保險由衛生署負責,勞工及農民福利由勞工委員會及農業委員會負責,社會教育由教育部而職業訓練由勞委會負責;國民住宅則分由內政部及勞委會負責。

由以上關於社會福利的意義及範圍的討論吾人可以發現,社會福利、社會安全及社會福利服務三者是具有非常密切關聯的概念。整合學者們的主張、世界各國的政策,與我國政府對社會政策之實施,可知雖然在定義上、內容上、政策上或作法上雖有差異,但基本上社會福利的核心包括兩大部分,一是社會安全,一是福利服務。社會安全之中,又包括兩大部分,即㈠社會保險及㈡社會救助。由於社會保險及社會救助兩者,在精神、資格認定、實際作法上皆有不同,所以本文認為社會福利的核心,應該是社會保險、社會救助及福利服務三者,此乃最狹義的社會福利。若將前述的住宅、教育、就業等加入,則構成了所謂「社會政策」或「社會建設」,屬於較大範圍的社會福利。

圖 3-1　社會政策、社會福利的範圍

社會安全制度及社會福利服務系統的形成

　　各種社會福利制度的形成，固有其在不同國家、不同歷史背景之下，所造成的差異，但基本上與一國家的政策有關。以下我們將討論各種福利政策及制度形成的不同理論或模型，協助吾人瞭解社會安全及福利服務制度之形成。公共政策學者戴爾 (Thomas R. Dye) 指出，所謂政策，雖然有許多不同的定義，但大體而言，政策指的是一政府的行為、選擇及決策。戴爾並提出以下的模型，協助瞭解政策的形成、過程及其結果。

(一)系統模型 (system model)

　　此模型將福利政策與制度視為一個政治系統的產出，如圖 3-2 所示。

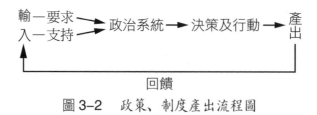

圖 3-2　政策、制度產出流程圖

　　由圖 3-2 我們可以看到政治系統外部的環境之中，會對政治系統提出各種要求（如公路建設），同時亦會對政治系統提供物質（如

稅收）及非物質（如認同感）的支持。政治系統則會針對外界的各種要求，審視其重要性及可用資源的有無，而做出適當的決策或行動，政策於焉形成。但是在系統模型之中，政治系統（如國家）只是一個將輸入轉換成產出的中間過程，政治系統本身的運作如何？國家在政策形成之中是否也有其自主性？這些問題都不是系統論所能回答的，所以有人批評系統論中的國家，宛如「黑盒子」一般，未能透明化。

(二)決策過程模型 (process model)

此模型的重點，乃是將政策形成的過程，分成數個階段，並瞭解社會上的問題與需求如何一步一步地變成政策。第一個階段，是問題的確認 (problem identification)：主要在瞭解社會環境中對政府的要求為何。第二階段是決定問題與決策的優先順序 (setting the agenda for decision-making)：從政府所面對眾多問題中，選擇必須加以解決者。第三階段是形成政策建議 (formulating policy proposals)：提出解決問題的政策建議。第四階段，是立法過程：包括若干政策建議中選擇其較可行者，尋找大眾對此政策的支持，並進入立法過程。第五階段，是政策執行：設立必要的行政組織、提供財源、人員，以執行政策。最後一階段，則是政策評估或考評 (policy evaluation)：瞭解政策執行的影響及其困難，並決定是否繼續、中止，或改變政策。

過程模型協助吾人分析政府如何透過一連串的階段及政策，而達到社會問題解決及社會需求的滿足；一旦政策失敗，亦較易找出失敗原因出自何階段；然而，過程模型對於過程如何影響政策內容，則較少討論。

(三)理性論 (rationalism)

所謂「理性」，指的是「目的理性」與「工具理性」。「目的理性」指出一個決策者在設立目標選擇目標的準則，在使目標能發揮最大效用；一旦目標選定之後，「工具理性」則指出須選擇最低的成本、最好的方法來達成目標。如果我們以前述過程模型為例，則理性論者認為每一階段都會牽涉到目標及手段的選擇，決策者必須以社會的最大效益 (maximum social gain) 為考量。

(四)漸進論 (incrementalism)

漸進論者認為政策是政府過去行動的一種延續，目前政策基本上只是過去政策的局部修正。為什麼政策只是一種漸進的過程，而不是理性論者所主張的全面理性呢？第一個原因，是政府並沒有充分的時間、資訊或財力以評估所有可能的選擇，只能就能力所及的部分加以選擇及改進；第二個原因，是決策者面對未知的狀況，會認為全新的政策過於冒險，不如修正現有政策較為保險；第三個原因，許多重大政策，可能已有大量的資金、人力的投資，難以做激進的改變；第四個原因，政策協商時對小幅度變動的政策較易達成協議；最後一個原因，則是除非某一政策有重大缺失，政府、政客及民眾極少會要求激烈的改變。

(五)制度論 (institutionalism)

制度論者認為政策的內容，主要受到政治制度、政治組織的影響。所謂政治制度，如美國的總統制及三權分立制，或我國的雙首長制及五權分立制，其權利、組織結構的不同，對政策即有不同的影響。制度論的觀點，即針對前述系統論中的「黑盒子」之瞭解，有補足的作用。

　　除了上述五種主要模型之外，戴爾尚討論了團體模型、競局理論、公共選擇、精英論等，由於篇幅有限，無法逐一詳述。一個重要的問題是，那一理論才適合解釋社會福利政策的形成內容呢？由於社會福利政策的多面性及複雜性，常讓人難以瞭解，學者們以為上述的每一個模型，雖各有其不同的強調重點，但透過這些不同的重點，可以使我們如抽絲剝繭一般，逐一檢視社會福利、社會安全與社會服務制度與政策的各個層面，對於政策及制度的認識與修正，實大有助益。

研究 & 討論

一、現代社會中，學生應該扮演什麼樣的角色？這些角色間的關係是什麼？請就角色組 (role set)、主要角色、角色衝突……等觀點加以討論。

二、我們所處的各種社會環境及結構，對我們會有什麼樣的限制？結構會不會提供我們機會？在這些機會及限制中，我們如何獲得最佳的表現？

三、社區是什麼？如何增強社區意識？

四、社區發展工作中，如何整合精神倫理建設於基礎建設及生產福利建設之中？

五、為什麼會有社會變遷？近十年來臺灣的社會變遷主要是什麼原因造成的？

六、在社會快速變遷之下，一個人應如何自處？

七、社會福利的意義與範圍為何？

八、臺灣社會福利政策，可以用戴爾 (Thomas R. Dye) 的那一個模
　　型來解釋？為什麼？

參考書目

林瑞欽、劉邦富 (1993)，《都市新興社區居民之社區意識的發展研究
　　——以臺中市松安社區為例》，南投：臺灣省社會處。

徐震 (1980)，《社區與社區發展》，臺北：正中。

徐震等 (1994)，《社會工作論叢》，南投：臺灣省社會處。

徐震、林萬億 (1983)，《當代社會工作》，臺北：五南。

陳光中、秦文力、周素嫻譯 (1991)，《社會學》，臺北：桂冠。

詹火生等 (1991)，《社會學概要》，臺北：匯華。

詹火生、楊瑩、張菁芬 (1993)，《中國大陸社會安全制度》，臺北：
　　五南。

蔡文輝 (1993)，《社會學》，臺北：三民。

Rothman, Jack & Tropman, John E. (1987). "Models of Community
　　Organization and Macro Practice Perspectives: Their Mixing and
　　Phasing," in Fred M. Cox, et al. (eds.), *Strategies of Community
　　Organization: Macro Practice*, IL.: F. E. Peacock Publishers, Inc.,
　　pp. 3–25.

Dye, Thomas R. (1995). *Understanding Public Policy*, New Jersey:
　　Prentice-Hall, chapter 1 and 2.

Cheng, Tsan-Yuang (1992). *Organizational Context and Organizational Attachment: A Structurally Embedded Rational Choice Model in the Analysis of the Decision to Leave the Clergy.* Ph. D. Dissertation. University of Wisconsin-Madison.

第四章　政治制度與政治參與

周陽山

▶第一節　國家與政府◀

一 國家與國家結構

國家是一種具備下列四項特徵的政治組織：

㈠一定範圍的領土。不論其領土範圍大小，必須占據一定範圍的土地。

㈡固定的人口。不論人口多少，必須有一個固定的人口群是這個國家的國民。

㈢有效的政府。必須有一個政府能從事權威性的決策及利益的分配，並有效的執政。

㈣獨立的主權。主權 (sovereignty) 是在一國領土之內最高的權威 (authority)，並且得到國際的承認，這也是構成國家的基本要件。

凡符合上述四項條件的政治組織，也就是一個現代的國家。一般而言，國家的結構有下列幾種型態：

㈠單一制 (unitary system)

中央政府享有最高權力，地方政府在中央政權領導下，在憲法和法律規定的權限範圍內行使其職權。此一制度又分為二種類型：

1.中央集權型。如法國，地方政府在中央政府的嚴格控制下行使職權。中央委派官員或由地方選出之官員代表中央管理地方行政

事務。通常地方首長兼具中央與地方官員的雙重身分，一方面代表中央，依照中央命令行事；另一方面則作為地方官員，管理地方行政事務。

2.地方分權型。如英國，由地方居民自組地方公共機關，依法自主的處理本地區事務，中央不得干預。中央政府若發現地方議會有越權行為，可訴諸司法機關糾正。

㈡複合制 (federal system)

嚴格說來，在此一體制之下，並不存在中央與地方政府關係，而係權限不同的中央政府之間的關係。此制又分為兩個類型：

1.聯邦制 (federation)。如美國，除聯邦具有中央的政治權力外，各邦（州）也有相當自主的政治權力，而且兩者均有各自的憲法。但是在聯邦之內，公民有統一的國籍，聯邦政府的權力及於國民全體。過去聯邦政府多掌有對外的聯邦權 (federative power)，如國防、外交權等，但在福利國家及社會福利制度建立後，聯邦政府的權力頗見擴增，亦及於一般之財政、內政等事務。

2.邦聯制 (confederation)。如萊茵邦聯及美國獨立之初 (1776–1788) 的邦聯。邦聯是由若干主權國家為了特殊目的而組成的「國家聯盟」，彼此間簽訂條約，承擔義務，但仍強調各成員國的主權獨立。在邦聯制之下，各成員國政府仍擁有絕大部分的自主權限，邦聯政府亦不對各成員國的人民直接行使權力，唯有當各國均同意此一法令後，才對各該國人民發生法律效力。總之，各成員國仍係主權國家。

㈢國協 (commonwealth)

如大英國協、獨立國協。此係基於歷史、傳統或政治、經濟等

方面的密切關聯，而形成的「國家聯盟」，但各國仍係主權獨立的國家。以大英國協為例，成員國之間僅有一祕書處協調彼此關係，其決議對成員國並無絕對約束力。

嚴格說來，在上述的分類中，邦聯制與國協制均係國家與國家之間的聯盟，並非真正的主權國家，實係一種國家集團，而非單純的「國內」之間的關係。真正的主權國家，只有單一制和聯邦制兩種。

政府體制：三權與五權

一般而言，西方民主國家多採三權分立制度，亦即行政、立法、司法三權分置的政府制度。我國則採五權憲法體制，就形式而言，是在行政、立法、司法三權之外，增加了監察、考試兩權。就內涵而言，則是自行政權中分出考試權，自立法權中分出了監察權。就功能而言，則是在事權的分工（三權分立）之外，增加了對人（官員的考試、任用及糾舉、彈劾）的監督與考核。

但是，除了上述特性之外，我們必須特別注意，在中山先生設計的「權能區分」下，五權均屬政府權或治權的行使。換言之，不僅行政、考試、司法是政府權，連立法、監察權，也屬政府權。基於此，在原始的五權憲法概念下，五權中的立法院，並非純粹的「國會」或「代議機構」，而係由專業的立法專家（而非代議士）所構成的專業立法機構。同樣的，澄清吏治、職司風憲的監察院，也不應該由代議士所構成，而係具備專業素養的監察專家，並行使調查、糾舉、彈劾、監察等「監督法」職能。

基於上述的分析，吾人可以用下表突顯三權與五權分立體制的

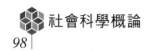
異同。

表 4-1　三權與五權分立的基本性質

分　類	三權分立	五權分立
分權項目	立法 行政 司法	行政 立法 司法 考試 監察
彼此關係	三權彼此制衡	五權分工合作
政府特性	1.強勢元首（但國會兩院與總統不同政黨時 　可能形成跛腳總統） 2.分權制衡	1.萬能政府 2.專家主政
代表國家	美國	中華民國

　　根據上述的分類表，我們可以以分項的方式，將五權分立制度的特性，做一比較分析：

　　㈠五權之間係採分工合作，而非彼此制衡。因此和三權分立制之下立法、行政、司法三權之間平衡關係不同，五權之間的權力並非完全均等。尤其是考試權的性質較為單純，監察權也常係是備而不用（只有在官員操守不正、行政怠忽等情事發生時才行使監察權、調查權、彈劾權），因此五權之間，有的職權配置頗為繁重（如行政權），有的則較為輕簡。

　　㈡五權均屬治權的一部分，五院共同構成廣義的「政府」。而五權分工的目的，在形成有效的權責關係、彼此合作，進而促成「萬能政府」理想的實現。而所謂「萬能政府」，絕非為所欲為，或無所不用其極的「專制政府」或「極權政府」，而是在人民的合法授權下，使民意得有效監督、政府亦能發揮充分效能，制訂出良好政策，在

政府各部門間，又能夠彼此合作，卻不致發生事權重疊、一權獨大（或濫權）等現象。但是，在實際的制度設計及權力運作上，「萬能政府」畢竟只是一種理想，需要不斷的修正制度、調整政策、改善效能，才能使此一理想，接近於實現。

㈢在五權分立制度之下，立法院依五權憲法之理念，並非完全反映底層民意的民意機構，而係由專門的立法專家組成的「專業立法機構」。根據「權能區分」之原理，國民大會應完全反映出國民的教育、知識與人口結構；而五院則是「政府有能」的分工機制，因之，並不是所有國民都得參選或當選為立法委員，相對的，只有具備專業立法知識與法學素養的精英得通過立委考試，取得資格，進而參選而當選為立法委員。由此可知，中山先生的五項治權，實有相當濃厚的「專家治理」色彩。為了補充這種精英政治、專家掌政的缺憾，他強調應由人民行使直接民權，尤其是罷免、創制、複決等權以體現「直接民主」之精神，並補救精英政治的不足。基於此，五項治權的運作必須受到四項政權的有效箝制，而且在權、能之間，應以四項政權的運作為主軸，這才合乎「萬能政府」只盡其「能」，不竊其「權」的本意。

㈣在五權分立制度之下，行政系統同時受到立法、監察及考試三種權力的監督。立法權監督它的事權運作，要求它依法行政，不得違法越權、濫權；監察權監督它的行政效能及官員操守，遇違法失職、怠忽民意、貪污腐化等情事，則以彈劾、糾舉等手段澄清吏治，實施對「人」之監督；至於考試權則藉公平、公正之考試制度，確保官員之良好素質，避免因黨派之私、裙帶關係等因素，而造成政府用人不當、官員知能不足、不適任其位等現象，這也是從「用

人」之監督立場，保證「萬能政府」實現的一種分權設計。但從上述的分析亦可知，在五權之中，仍以行政權之運作為主體，立法、監察、考試權等權之行使，乃是以從旁監督之角度，促進「萬能政府」理想的實現，並補救三權分立之不足。

三 國家與政府的關係

在西方憲政民主發展史上，國家 (state) 與政府 (government) 之間的權力分合關係，一直是備受注目與爭議的主題。在英國的憲政體制下，「反對政府，忠於國王（女王）」乃是反對黨奉為圭臬的信條，而英國的議會內閣制 (parliamentarism)，則提供了一套分殊「國家元首」（國王）與「政府首長」（閣揆）的憲政機制。此種分殊機制把國家與政體兩者的權力分開，國王成為國家結構的統合性象徵，但「統而不治」；政府首長則組成政權結構，進行施政，卻「治而不統」。我們也可以說，國王掌有國家的「統權」，政府首長則握有政體的「治權」。在這樣的憲政制度下，掌握政體治權的政黨領袖或政治人物，實際主導政局的發展與政黨政治的運作；而象徵國家統合的國家元首，平時雖不掌握政府施政的實權，但卻正因為不具備這種實權，反而能超脫黨派政治之外，以「非黨派」(non-partisan) 的國家領導人角色，成為政治權威得以維繫不墜的主要憑藉。

也就是說，元首代表國家發揮統權的功效，一旦政局發生變化時，例如黨爭激烈、內閣動盪的情勢出現，或因外在環境變化，發生重大災變或戰爭之際，這個平時「無實權」的國家元首，就可運用他的非黨派性角色，站在國家統合的立場，或者承擔起平息黨爭，挑選閣揆（政府首長）的任務；或者要求各黨派停止紛爭，一致對

外，成立「非常內閣」或「戰時內閣」，使國家安度難關。這種「代表國家」的虛位型領袖，事實上往往可以運用他們的統權，以及本身不介入黨爭、政爭的客觀角色，成為「國家—政體」二元分化之下憲政體制中的安定性角色。這正是議會內閣制的主要優點之一，也是當今全球穩定民主 (stable democracy) 國家絕大多數均係採議會內閣制的重要成因。

至於在總統制 (presidentialism) 之下的總統，則身兼「國家元首」與「政府首長」兩種不同角色，「既統且治」，也就是既要承擔國家元首的統合性任務，也要負責政府的實際施政成敗。這樣，不但將「國家」與「政府」二者混淆，也造成一旦總統個人政績不佳、民間聲望低落或當同黨議員失去國會優勢時，就會出現「跛腳總統」的困局。而且還可能會帶來政局不安、社會失序，形成「零和式」(zero-sum) 的僵局，如政變等情事。這種事例在拉丁美洲、南韓、菲律賓，早已屢見不鮮。即使在憲政制度設計上採取了「總統不得續任」或「總統只能連任一次」等條件性的限制，但是依然無法解決此種困境。

關於我國的憲政制度，依照民國三十五年制憲時的基本精神，係採議會內閣制的制度設計，依照「國家—政府」二元劃分的精神，總統與國民大會均為實際權力十分有限的國家主權象徵，亦即成為「國家」與「政府」分立之下「政權」的代表。而「治權」則由代表政府的「五院」承擔實際的責任，並採取「五權」分工與合作的政制設計，其中行政院尤為實際權力中樞，行政院長擔任最高行政首長，亦即西方議會民主制度下之「閣揆」（政府首長）的角色。

在這樣的制度設計下，國民大會與總統超然於政府權力與五院

制衡關係之上，成為「國家」（而非「政府」）權力的象徵，代表著「政權」；而五院之間的權力運作，則代表著「治權」，亦即「政府權」的實際運行，與政黨政治的具體運作。反對黨儘管是以「反對」為職責，但只能「反對政府」（或「反對執政黨」），卻仍然必須「忠於國家」（其中係由總統或國王擔任國家元首）。如此一來，任何的政爭或黨爭都必須局限在「政府」與「治權」的層次之上，而且由於對「國家」的效忠不變，因此並不產生國家的認同與效忠問題，亦不致發生「叛國」的爭議。

但是，從民國八十年至九十四年間，政府連續推動了七次修憲，將憲政體制從「議會內閣制」修訂為「半總統制」(semi-presidentialism)；最後並將國民大會廢除，改以公民投票與直接民選，取代了原先國民大會的職掌。總統係由人民直選產生，得自行任命行政院長，而無須立法院的同意。總統發布須經立法院同意任命的人員，也無須行政院長的副署。相對的，立法院則取得對行政院長的不信任權以及對考試、監察、司法三院的人事同意權；行政院亦可在不信任案成立時，向總統提請解散立法院。行政院長的權力來源變成總統，因此其施政須向總統負責。監察院則失去民意機關的屬性，監察委員改由總統提名，經立法院同意任命。

總而言之，經過七次修憲之後，原先憲政體制的「議會內閣制」精神已面臨嚴重的斲傷；而「政權」與「治權」分立，「國家」與「政府」二元劃分的原始憲政精神，亦面臨根本的改變。其結果則是，自二〇〇〇年至二〇〇八年這段期間，立法與行政兩院之間持續緊張對立，「少數政府」始終未能得到過半數國會民意的支持，結果導致政務難以推展，政府效能嚴重弱化。此一憲政僵局的形成，實因

修憲不當，權能區分不清所致。而正本清源，釜底抽薪之計，應係回歸原先制憲時之權能區分原則，重新釐清「國家」與「政府」二元劃分之基本憲政設計，並將總統定位為「國家元首」，僅負責提名行政院長；而行政院長仍係「最高行政首長」，並應獲得立法院多數之同意與支持。唯有如此，「多數政府」與「國會支持」之代議民主制之原理，方能真正落實。

▶第二節　民主與法治◀

一 民主理念

　　民主是一種決策形式。從字面意義分析，民主乃是「人民治理」之意，亦即一種由人民主治，對民意負責的政治體制。根據此一原理，民主應該依照下列的三項原則而運作：

　　㈠民主是一種政府決策的形式。一種相對於專制、寡頭或君主個人決策的多數決體制。

　　㈡民主是一種政府權威的來源。政府的權威來自大多數被治者的同意，而不是來自王權繼承或君權神授，也不是基於某一政黨或階級的專政。

　　㈢民主是一種政府構成的程序。政府是基於定期改選、多數決的程序而組成。除非是在戰爭時期或急難時期，政府得不受此一程序影響外，否則必須面臨定期改選的民意考驗。

　　基於以上的分析，我們或可引用美國學者蘭尼 (Austin Ranney) 為民主所下的定義：「民主是一種政府組織型態，它據以建立的原則包括人民主權、政治平等、大眾諮詢和多數統治」，這亦可視為民主

的基本原則。

就政治體制而言，民主得以藉人民直接行使政治權利而體現，但是此種體現的方式卻有「直接民主」與「間接民主」等不同的表現形式。「直接民主」是由人民直接參與政治活動，並進行政治決策。這種民主形式，通常只有在人口稀少的國家或透過地方自治的方式才能實施。而「間接民主」則是由人民選出民意代表，再由民意代表透過議會民主、監督政府的機制而達成。由於此類民主運作是以「代議士」為主體，亦稱為「代議民主」。目前絕大多數的民主國家都是實施「間接民主」或「代議民主」。而「直接民主」只有在古希臘的城邦，如雅典，以及瑞士和美國新英格蘭地區的地方層級普遍地實施過。國父孫中山先生提倡選舉、罷免、創制、複決四項「政權」（即民權），其中選舉 (election) 一項，即是選出政府首長或代議士，係落實「代議民主」的主要手段。至於罷免、創制、複決等三項權利，則主要在救濟代議政治之窮，一般均被歸類為「直接民主」或「直接民權」的範疇。

但是罷免、創制與複決三權的功能，主要是「備而不用」，保留直接民主的監督功能，避免代議民主出現弊端。罷免 (recall) 權的主要功能，是迫使不適任或違背民意的民選官員及議員，從現任的職位上去職。創制 (initiative) 權則是由公民直接立法，讓立法機構未能克盡其職的立法任務，經由民意的直接參與，促其實現。至於複決 (referendum) 權，則是在立法機構進行決策後，再經由公民投票同意，決定是否讓此一決策付諸實施。複決權也是最常實施的一種直接民主途徑。

必須強調的是，實施複決權的國家頗多，但多以地方層級或州、

邦等層級為範圍，以全國為範圍者則較少。至於實施創制權的民主國家，幾乎清一色均以地方層級為限，只有義大利與瑞士兩國係以全國為範圍。其中義大利的規定是，以五萬名公民連署某一擬定條文的法案，為其要件。換言之，如果連署人數不足五萬，則無法提出創制案。由此可知，創制案的提出，並不十分容易。根據美國各州實施創制、複決權的經驗，經由人民提議而交付公民投票的創制、複決案，僅有三分之一獲得通過，三分之二則均告失敗。由此可見此種直接民主的手段，主要是「救代議民主之窮」，而不是要根本取代代議民主。

目前我國直接民權的規範，除了選舉、罷免已付諸實施外，關於創制、複決二權，已於第七次憲法增修條文及民國九十二年通過的《公民投票法》中予以落實。關於罷免權，依據《公職人員選舉罷免法》，其提出人數為「原選舉區選舉人總數百分之二以上」（第七十六條），連署人數則為「百分之十三以上」（第八十一條），罷免案的通過，則須由原選舉區選舉總人數二分之一以上之投票，有效同意票過半數即為成立。至於總統、副總統之罷免，依據《總統副總統選舉罷免法》，須由立法委員四分之一之提議，全體立委三分之二之同意後提出，經自由地區全體選舉人二分之一以上之投票，有效同意票過半數時，罷免案即告成立。以上各類人員的罷免案，對於就職未滿一年者皆不得提出。

此外，《公民投票法》也規定創制、複決的相關內容：在中央層級包括法律之複決、立法原則之創制、重大政策之創制或複決、憲法修正案之複決等，在地方層級則包括地方自治法規之複決、地方自治法規立法原則之創制、地方自治事項重大決策之創制或複決。

但預算、租稅、投資、薪俸及人事事項均不得作為公民投票之提案。至於修憲案、領土變更案的複決，依據第七次憲法增修條文的規定，是由立法委員四分之一以上之提議，四分之三以上之出席，及出席委員四分之三以上之決議提出，經公告半年後，由自由地區選舉人投票複決，有效同意票過選舉人總額之半數，即為通過（憲法增修條文第十二條）。

二、法治精神

「法治」與「法制」，是兩個十分容易混淆的概念。一般而言，「法治」(rule of law) 包含了「法制」，「法制」卻未必合乎「法治」原則。所謂「法制原則」(principle of legality)，意味著政府的施政必須完全依據法律；如果違法，則人民可以訴諸法院裁判。但是法律本身是否侵犯到憲法或基本人權，卻非法制原則所在意。但是「法治」卻是以憲法及基本人權為規範的，因此否認了「惡法亦法」的可能性。此一原則實係立憲主義精神的體現。基於此，憲法必須無違保障人權、限制統治結構權力行使之原則。因此，違背此一原則的所謂「憲法」，自然也有違「法治」之原則，但它卻有可能合乎「法制原則」。過去在共產國家，雖然無所謂「法治」，但卻仍有其「社會主義的法制」原則。

「法治」是立憲主義 (constitutionalism) 的核心內涵。依照英國憲法學者狄西 (Albert V. Dicey) 的解釋，其中包括三項基本意涵：

㈠法律享有至高的地位，只有違法才受懲罰，但法律絕不可受到蠻橫強權或君王特權的影響，而政府也不應以自由裁量的方式影響法律的行使，如果是因特權或官僚任意裁決而對人民施加懲罰，

那就違背了法治的原則。

㈡法律之前人人平等，不管是官員或百姓，也不論階級或出身，都應在普通法庭接受公平之審判，這也意味著，不得因官員犯法而網開一面，或因官員涉身司法案件，就為其另闢蹊徑，開設特別的法庭。

㈢英國的憲法係不成文法，是個人權利的歸結而不是個人權利的來源，因此，憲法乃是普通法 (common law) 的結果。

在上述三項原則中，第一項「法律享有至高的地位」以及第二項「法律之前人人平等」，目前都已經普遍為一般民主國家所接納，成為「法治」原則的一部分。至於第三項「憲法乃是普通法的結果」，則係英國「不成文法」體制下的特殊安排，與一般「成文法」國家的通例正好相反。

英國的憲法乃是十三世紀起，隨著政治演變而在不同年代形成的憲法性法案、法院判決及憲法慣例的總稱。憲法的制定和修改與普通法律相同，因此，憲法乃是普通法的結果。此亦係所謂「柔性憲法」的基本特質。

相對的，在採取「成文法」或「剛性憲法」的國家（如我國和美國），憲法乃是一部有具體文字的法典。任何法律都不能違背憲法的規範，否則將被視為無效。因此，在「憲法優位」（即憲法具最優先的地位）的原則下，憲法乃是普通法的最高規範，所有的普通法都必須合乎憲法規定，否則即視為違憲 (unconstitutional)。而違憲的法律是違背「法治」原則的。基於此，「憲法優位性」，以及「所有的法律不得違憲」，乃成為「法治」原則的第三項重要內涵。

「法治」原則的第四項重要內涵，是「程序正當」(due process)

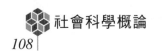
性。亦即法律程序必須正當，不容有違犯法律、侵害人權的情事發生。

在中華民國憲法中，即本於此一原則，在第八條中做了適當的規定：

第八條（人身自由之保障）

人民身體之自由應予保障，除現行犯之逮捕由法律另定外，非經司法或警察機關依法定程序不得逮捕拘禁，非由法院依法定程序，不得審問處罰；非依法定程序之逮捕、拘禁、審問、處罰，得拒絕之。

人民因犯罪嫌疑被逮捕拘禁時，其逮捕拘禁機關應將逮捕拘禁原因，以書面告知本人及其本人指定之親友，並至遲於二十四小時內移送該管法院審問。本人或他人亦得聲請該管法院，於二十四小時內向逮捕之機關提審。

法院對於前項聲請，不得拒絕，並不得先令逮捕拘禁之機關查覆。逮捕拘禁之機關，對於法院之提審，不得拒絕或遲延。

人民遭受任何機關非法逮捕拘禁時，其本人或他人得向法院聲請追究，法院不得拒絕，並應於二十四小時內向逮捕拘禁之機關追究，依法處理。

根據此一條文的基本精神，民國六十九年司法院大法官會議即做出釋字第一六六號解釋，指出《違警罰法》中規定，由警察官署裁決之拘留、罰役，係關於人民身體自由所為之處罰，實有違憲法第八條第一項之本旨，應迅速改由法院依法定程序為之。換言之，

不應再由警察官署負擔裁決之權。此一解釋亦說明了正當程序及法治原則的重要性。而政府亦因《違警罰法》不符「法治」之基本原則，最後決定將其廢除。

在歐美民主國家，對「程序正當」原則十分重視，如果違背此一原則，嫌犯甚至可能會被判無罪。在美國憲法修正案中，就有許多有關程序正當性的規定。藉以避免政府或執法人員違法濫權，造成對人民權益及自由的侵害，由此可見「法治」原則對人權保障的重要性。

根據上述的分析，我們必須強調要貫徹「法治」精神，培養守法的觀念以及對憲法的尊重和信任。唯有充分明瞭憲法的規範與內容，才能瞭解自己的權利、義務所在，進而才能保障自己的基本權益，不受政府或違法者的侵犯。但是，我們自己也必須知法、守法，不得逾越憲法或法律的規範，才能受到法律的保障，也使民主體制得以茁壯、成長，並使民主與法治相得益彰。

▶第三節　民意與政治決策◀

一 何謂民意

所謂「民意」(public opinion) 即是「公眾的意見」。但是「民意」並不是所有人民共同的看法，而是指那些經由私人意見匯聚而成，試圖影響政府決策，促使政府重視的意見。由於民意乃是由私人意見匯聚而成，因此在一個民主國家中，「民意」一定是多元多樣的，絕不可能只有一種單獨的「民意」存在。而且「民意」往往不會是固定不變的，相反的，它往往會變動不居，隨時因環境調整而改變。

所謂「民意如流水」，即是此意。

　　但是，雖然「民意如流水」，卻不意味民意沒有固定的方向可循。舉例來說，在臺北市建設捷運系統的過程中，就因為施工、效率與安全等問題，引發民眾的不同爭議，有的人主張「儘快通車」，有的人則認為「安全第一，不宜貿然啟用」，也有人主張應「拆掉重建」，還有人主張乾脆將其「廢棄不用」。這些不同的意見均是局部民意的展現，有時主張甲意見的人多，有時則是主張乙意見的人居優勢；而且在不同時間、階段，民意趨向會有很大的差別，彷彿流水一般。但是，我們若做長期的觀察，仍然可以掌握到民意的主要變動趨向。因此，能夠掌握此種主流趨向的政治人物，包括市長、議員、政府官員等，就能順應民意的趨勢，獲得較多民眾的支持，這也就是民意趨向對政府決策能夠形成壓力的主因之一。

　　如前所述，民意乃是眾多個人意見匯聚的結果，因此，民意不同於個人的意見，而是一種集體性的觀點，亦即一種政治集結 (political articulation) 的成果。但是，民意卻不同於意識型態。意識型態 (ideology) 是一種有系統的政治、社會性見解，也是一種成體系的世界觀、歷史觀。而民意則是一種層次較淺、較低的政治意見，尤其是一種對個別政治議題的看法。舉例來說，「是否贊成實施全民保險」，是一種政見的表達，而「是否贊成福利國家制度或支持民主社會主義的理念」，則是一種意識型態立場的反映。換言之，民意多係個別性或個案性的意見，而意識型態則是一種常態性、持續性的見解與趨向。但是，政見的匯聚卻與意識型態的趨向有著密切的關係。一般政黨和政治團體匯聚著許多相類似或相關聯的民意，並構建而為一整套的意識型態主張。例如在西歐的多黨政治下，社會民

主黨主張福利國家與社會民主；共產黨主張階級專政與產業國有；保守黨主張自由經濟與市場機制；自由黨則主張憲政民主與政治自由；而民族主義政黨則力倡民族至上，國家至上，並排斥外來的移民、偷渡客和不同膚色的族群。這些政黨本身匯集著相關聯的民意，並整合而為一套具體的意識型態主張。因此，在西歐的多黨體制下，往往可以輕易的從左至右，列出各種政黨間不同的意識型態主張，並形成「由左而右」的光譜。在這些不同的意識型態影響下，也就會發展出不同的政見與政策主張。

二　「主權在民」與「主權在國會」

近代民主政治的最主要特色之一，就是「主權在民」，這是相對於傳統的君主專制、貴族政治或神權統治而形成的政治型態。而「主權在民」，正是一種民意政治的展現。

可是，「主權在民」卻不是由一個個單獨的個人來體現的。換言之，局部的個人權利無法代表國家整體的主權。主權 (sovereignty) 必須經由一套民主的決策機制來體現，這套機制就是代議民主。在代議民主之下，由人民選出民意代表和政府首長，組成議會與政府，再由「民意代表」代表人民監督政府的日常運作。至於民眾則可藉著定期的選舉、罷免的行使，以及輿論的反映，監督民意代表和政府首長。如果這些民意代表與政府首長不稱職，或不能反映真正的民意，就很可能會遭到輿論的制裁，甚至面臨被罷免的壓力，而日後改選時也可能會因而落選。基於此，「主權在民」事實上是透過民意代表和選舉機制來體現的。如果沒有民意代表，則民意就缺乏適當的管道予以凝聚。由此可知，當代民主政治的主要內涵，即是「代

議民主」，也就是「民意」政治。基於此，「主權在民」最後就會落實而為「主權在國會」（或「主權在議會」）。

　　或許有人會質疑，難道人民不能直接管理政事、監督政府嗎？為什麼一定要假手民意代表，而不能實施直接民主呢？其主要原因在於，直接民主有其時空與環境之局限，只有在小國寡民的情況下，才可能實現。但是，當代民主國家多有人口眾多、國土幅員廣大的共同特性。除非一個國家的人口少到只有五、六千人，而且所有的公民有充裕的時間和知識，足以管理政事，直接參政，而且無虞生活上的匱乏。否則的話，實施直接民主的結果，難免就會變質為讓少數有錢、有閒的富裕之士，操控政治，甚至是主導國家的發展，這就反而變為「少數專制」，並成為民主之敵了。

　　由於直接民主不易實施，當代民主國家均以代議民主為主要的政治決策方式。但是為了彌補代議民主可能產生的流弊，因此再輔之以「直接民權」，也就是創制權、複決權和罷免權，作為對代議民主制度的補充。在「直接民權」的制度下，人民可以藉創制權而直接立法，亦即將議會也未能完成的立法，直接以「人民立法」的方式，使其法制化。只要符合一定的公民連署要件，以形諸文字的法律草案，交付公民投票，並得到多數（通常是過半數）公民的支持，即成為正式的法律。至於複決權，則是針對議會通過的法案或政策，再進行公民投票，決定其是否付諸實行。而罷免權則是針對民選之政府官員與民意代表，進行一種「信任式投票」，若有一定數額之公民（通常係投票人數之過半數），對其適任性持否定立場，他就必須去職。因此，罷免權乃是選舉權的一項補充，意味著在任的民意代表與民選官員，必須克盡其職，否則仍將面臨民意的壓力與挑戰，

甚至可能會在中途去職。基於此，創制權與複決權乃是對議會立法權的一種箝制與補充，而罷免權則是針對選舉權的補足性手段，意味著直接民意可以對代議政治的運作，進行有效的監督。

　　根據上述分析，「主權在民」的理念，在當今民主世界，事實上是落實而為「主權在國會（議會）」，亦即以「代議民主」為其主軸。但是民意的監督，以及「直接民權」的實踐，則可對民意代表發揮實質的督促作用，進而體現「主權在民」的理念。

三　代議民主與政治決策

　　一提到政治決策，人們通常想到的問題是：政府應該為人民做什麼？而不應該做什麼？進一步則會問到：政府如何在有限的人力與資源中，做出最妥善的分配，發揮最大效能，並照顧到最多民眾的福祉？

　　上述的問題，正是政府決策時最重要的著眼點，也是民選官員與民意代表最為關切的課題。但是，正由於民選官員與民意代表都只代表「局部的民意」，因此政治決策過程乃是各種「局部民意」的代理人，以及各種利益團體、政治團體與政黨，交相折衝、互動下的結果。其過程則因參與者眾多，衡量因素的多樣化，而顯得十分複雜。一般民眾，除非直接涉身其中，否則將很難掌握其全貌。

　　試舉一例證之。北部某市政府決定要在偏遠山區興建垃圾場和焚化爐，在專家進行地質探勘、環境評估後，選擇了三處地點，並根據條件優劣，排出甲、乙、丙等三個先後次序，然後再舉行公聽會，聽取民意代表、學者專家及地方人士的意見。其中甲地的地方人士與民意代表一致強烈反對在該地興建；乙地的代表則強調政府

必須提供「地方建設回饋基金」，以改善地方的公共設施；而丙地的代表則要求政府明定垃圾場的使用年限，而且必須形諸文字，絕不可一延再延，同時該地代表也特別重視對該地環境污染的可能程度，要求政府必須提供改善環保措施，以免危害居民生活品質。

經過公聽會的公開討論與私下的民意溝通後，市政府決定改變原先專家所排出的三地優先次序。改為乙地第一優先，丙地第二優先，甲地則不予考慮。但在此一消息公布後，乙地部分居民組成「自救會」，並召開記者會，到市政府與市議會前舉標語抗議，環保局官員與市議員會見乙地居民「自救會」代表，瞭解其意向，並允諾將給予當地居民較為優厚的補償金，同時也允諾將興建新的產業道路，以保障當地居民在垃圾場興建後的對外交通。

就在乙地居民進行抗爭之際，某大學的環境科學研究所專家發表調查報告指出，由於乙地預定興建之地點離自來水水源區只有三公里距離，在山區下雨期間，可能會因山洪與雨混雜水而污染自來水源，並危害全市市民健康。此事經過報章媒體發表後，引起全市民眾震驚，四個消費者團體與環保團體聯合召開記者會，並請環保專家、水利專家及其他專業人士發表意見，另外也有三位市議員到場表示支持，呼籲政府暫停垃圾場興建計畫。市府在面對民意壓力下，承諾將對環境及污染問題做最審慎的評估。但也特別強調，由於目前使用的垃圾場早已超過使用年限，而全市垃圾逐年以百分之十的年增長率增加，除非立即興建新的垃圾場，否則問題將無以解決。

在市政府重新進行環境評估，並與市議會及居民代表協商後，決定放棄原先排名第一的乙地，改在丙地設置垃圾場。此一決策從最先的專業評估到最後在市議會中通過成案，前後共歷時三年時間。

原先列為最優的甲地，在第一階段的公聽會之後，即被取消。而次優的乙地，也在第二階段的民意反彈，以及水污染的疑慮發生後，剔除在候選名單之列。到了第三階段，則只剩條件較差的丙地，成為唯一的選擇。

　由上述這個假設的例證，我們可以瞭解，政治決策往往只能做出「次佳的選擇」，而不像私人企業的決策，常常可以做出「最佳選擇」。這是因為政治決策必須考慮到民意的反應，而民意代表、民間專家、各種民間社團、報章雜誌與新聞媒體，以及居民代表，都有不同的民意作為後盾，並對政治決策過程構成不同的影響。在上述的例子中，第二階段乙地民眾的反彈，固然構成壓力，但猶可透過增加補償金與改善交通等途徑予以解決。但污染水源的警訊，以及專業團體的反彈，卻成為最後決定取消乙地的主因。由此看來，不同的民意壓力，將因其壓力性質的不同，而扮演著輕重不同的角色。有時是以當地民眾的反應作為主要的決策考量因素；有時則是以整體民眾的利害為主要的著眼點；也有的時候，卻是依據專業性的意見。基於此，政治決策乃是十分複雜的互動過程，而所謂的「民意」，通常不會只是「部分民意」的匯聚，而是眾多不同立場的「民意」交織互動的結果。

　基於此，「民主政治即是民意政治」的真正意義是，局部的民意影響著民意代表，民意代表影響著政治決策。但是各種不同的民意和立場不同的民意代表，卻在複雜的決策過程中，尋求彼此間的最大交集，並希望這些共同的交集，能成為符應大多數民眾「次佳利益」的一種政策選擇。

▶第四節　憲政體制與政治發展◀

一　何謂憲政主義

　　憲政即憲政主義（constitutionalism，亦譯作「立憲主義」）的簡稱，亦即一個國家係根據憲法規範而施政，而不容有「違憲」或「違法」的情況出現。根據憲政主義的原則，憲法乃是規範人民之主要權利義務、國家之基本政府組織及基本國策的根本大法。國父孫中山先生說：「憲法者國家之構成法，亦即人民權利之保障書也。」此正突顯了上述兩項特質，但是除此之外，民主國家的憲法也強調應在規範人民權利義務之外，對政府權力加以限制。法國《人權宣言》（一七八九年）第十六條即明白指出：「凡權利無保障和分權未確立的社會，就沒有憲法。」由此可知，保障人民權利，對政府權力予以限制，做分權之設計，實係民主憲法之要件。

　　但是，隨著社會經濟的發展，以及自由與人權觀念的擴張，國家與政府的角色也與日俱增。在促進社會福利、保障經濟人權的思潮影響下，新興民主國家的憲法中，乃添進了新的內涵，特別強調國家對社會福利、基本經濟條件等之保障，此外，亦將基本國策帶入憲法本文之中。

　　綜合以上之分析，我們乃可將當代憲法的基本特性及內涵歸納為下列三項：

　　㈠規範國家的整體統治結構。包括中央政府、立法機構、司法體系、監察機構、地方政府等。此外，並應提出分權之設計，規定各機構間的權力關係，另外權責之劃分、制衡之設計，亦應列入其

中，此即政府內部之關係。

　　㈡保障人民之權利及自由，並對政府權力之行使，加以明文之限制。其中，政府的權力 (power) 係逐項列舉的，列舉之外的權力項目皆非人民之授權，故政府不得越權行使。至於人民之權利 (right)則除特別規定者外，皆不受限制。此即人民與政府之關係，並表明權利之主體乃是人民而非政府。

　　㈢規範國家之基本政策，藉以保障並增進人民的福祉和自由，改善國民的生計，促進經濟、社會、文化的進步。此係二十世紀新憲法所增添之新內涵，在二十世紀初以前制訂之憲法多無此一規定。

二　何謂憲政民主

　　憲政民主 (constitutional democracy) 是一種民主的形式，通常亦稱為自由民主，意指此類民主政體，必須依照憲法所規定的權利、義務關係，依照多數決的民主決策原則，治理國家。一般而言，憲政民主即是代議民主，因此許多人將「憲政民主」、「代議民主」與「自由民主」這三者，等同並稱。可是雖然此三者的經驗意涵相似，但三者所指的特徵各有不同。「憲政民主」所指的主要是依照憲政規範而實施民主。「代議民主」則強調以議會為實施民主的主體，有別於人民直接進行決策的「直接民主」。而「自由民主」則強調依照自由主義的憲政原則進行民主程序的運作。三者十分相類，然各有所指，不可完全等同於一。

　　綜合以上所述，憲政民主的具體內涵可歸納為下列三項：

　　㈠憲法的內涵必須以保護人權、限制政府權力之行使為前提。

　　㈡所有的法律必須無違憲法的規定，並合於「法治」原則（而

不只是「法制」原則）行使法律。

　㈢政府依照憲法規定及法治原則實施民主政治，並定期選舉，以反映真實的民意。這也正是當今主要民主國家的共同特性之所在。

三 憲政體制的基本類型

　目前全球的主要憲政體制有總統制、議會內閣制、委員制與半總統制等四種，茲分述如次：

㈠總統制的定義及特性

　所謂「總統制」(presidentialism)，是指總統由民選（間接選舉或直接選舉）產生，任期固定，身兼行政大權，而且除非遭受彈劾或主動請辭，不因國會不信任而去職的制度。在此一制度之下，行政、司法、立法三權之間，各有清晰職掌，彼此制衡。行政權與立法權相互獨立，不相統屬。其優點是總統任期固定，不因政爭而去職（但偶有例外），行政權不受立法權宰制，可使總統充分發揮行政效能。其缺點則係總統權力極大，容易導致獨裁，甚至使憲政秩序受到摧殘。另一方面，如果國會和總統分屬不同黨派，國會也可以經常運用制衡機制，阻撓行政權運作，造成「跛腳總統」，導致政府效能低落。但又因總統任期固定，無法以「倒閣」或「解散國會」方式逕行改選，重新訴諸民意，以解決僵局，因此其彈性較不如議會內閣制。

　總括而言，總統制有下列各項特性：

　1.三權分立清晰，相互制衡 (checks and balances)，各權之間彼此箝制，權責分明。但制衡本身則係依賴複雜之制度設計。其中以美國體制設計最為著名。

2.總統係國家元首，兼任行政首長，對人民負責，而且大權在握，既係國家主權象徵，亦負責實際政治成敗。但因任期固定，除任期屆滿不再連任外，一般而言，民意無法迫其提前去職（因違法失職而受國會彈劾者除外）。

3.閣員僅對總統負責，不得兼任國會議員。一般而言，總統有充分權力任命閣員，閣員並不對國會負責，但其任命在有些國家則須經由國會的同意。

4.總統可由間接選舉或直接選舉產生，但是與國會議員選舉分別舉行，總統本人亦非國會之一員。

5.總統無權解散國會，但可否決 (veto) 國會所提法案，國會除非以特別多數（通常係三分之二）再行通過，否則無法推翻總統的否決。

6.總統任期通常不超過兩任。在拉丁美洲國家，多限制為一次一任，不得連續連任。有的國家甚至規定終身均不得連任。

總統制在實際的實踐經驗上，往往不是出現強權總統，威脅到憲政民主的成長；就是因國會掣肘，造成「跛腳總統」，形成政府效能不彰的現象。因此除了總統制的創始國美國外，其實踐經驗多不成功。在拉丁美洲國家中，僅有中美的哥斯大黎加一國表現較佳，其他均不理想。目前除了拉丁美洲國家外，實施總統制的國家還包括菲律賓、南韓及部分亞、非國家等，其中如南韓等國，雖然亦有總理之設置，但因大權完全由總統所掌握，因此一般列為「總統制」，而非「半總統制」。

(二)議會內閣制的定義及特性

議會內閣制 (parliamentalism) 是以議會（國會）為權力核心，行

政系統受議會的節制，行政權與立法權合一，政府（內閣）則對議會負責。而且不同於總統制的制衡理念，議會內閣制的基本原則是責任政府 (responsible government)，不但個別之閣員需對議會負責，內閣整體亦需對議會負責。如果議會對某位閣員或整體內閣不信任，個別閣員或整體內閣要辭職以示負責。

綜而言之，議會內閣制有下列幾項特性：

1.行政、立法合一，而非明顯之三權分立，而且無總統制的制衡機制。

2.國家元首與行政首長分由兩人擔任。因為歷史傳統與個別制度差異，其名稱並不固定。國家元首有的稱之為國王，有的稱為總統，也有的稱為大公（如盧森堡）或親王（如列支敦士登）。至於行政首長則多稱之為首相或總理。

3.行政首長的產生是建立在議會的同意之上，並對議會負責。行政首長及閣員通常可兼任議員（但有些國家，如荷蘭，規定不得兼任），並得因議會的不信任而去職，因此閣揆的任期較不固定。

4.元首發布命令時，需經行政首長或有關閣員副署 (countersignature)，以明權責，其責任則由副署者承擔。無副署者，則元首之政令不生效力。因此元首的角色實係「統而不治」(reign but not govern)。

5.國家元首平常主要承擔儀式性任務。但是當國家發生緊急危難或憲政危機時，元首則扮演憲政制度守護者的角色，得超越黨派，任命新的行政首長，或宣布行使緊急權力，保護國家度過危難。因此國家元首雖然不經常行使權力，卻仍擁有象徵性權力 (symbolic power) 或保留性權力 (reserved power)。

6.行政首長係由間接方式產生。通常係由人民選舉國會議員，再由國會議員選舉產生行政首長。至於國家元首產生方式，則多係以君主繼承（立憲君主國家），或間接選舉（共和體制國家）方式產生，但亦有採取直接選舉產生者。

7.議會通常有「倒閣權」，內閣通常也有「解散國會權」，但亦有特例。此二權限使議會內閣制下的議員黨性較強，黨紀亦較易維持。因為如果執政黨議員對內閣決策不表贊同，導致「倒閣」，議員即需重新面對大選。若在野黨議員不支持本黨之決策，轉而支持執政黨，則無異將使本黨失去執政機會，同時也可能因選民背棄而招致落選。基於此，議會內閣制通常有較強之黨紀及較完善之政黨組織。全球的民主國家，多係實行議會內閣制。

(三)委員制及其變體

瑞士的委員制是一種特殊歷史及環境下的產物。瑞士的中央政府稱之為聯邦委員會 (Federal Council)，由七名委員組成。這七位委員是每四年一任，由聯邦議會（包括兩百位議員組成的「眾議院」及由四十六位議員組成的「參議院」兩部分）從眾議員中選出，每州之當選人不得超過一人。眾議院改選後，這七位委員全部改選。議員若當選委員後，則需辭去議員之職。當委員出缺時，則由聯邦議會補選。

這七位委員之間互不統屬、權力平等，實行集體領導，其主席即為聯邦主席，亦即國家元首（即瑞士總統），任期一年，不得在次年連任。任滿後則由副主席升任。而聯邦議會則再從七位委員中選一位擔任副主席，這七位均可繼續連任委員。自一九五九年以來，七位委員一直由瑞士的四個主要政黨：基督教民主黨、社會黨、激

進民主黨和中間民主聯盟出任。其中前三者各得二席，中間民主聯盟則分配一席。此一分配方式使得瑞士政府長期以來一直維持多數黨政府統治，而且不僅是多黨聯合和多數黨當政，且為各黨的大聯合 (grand coalition) 型態，政局十分穩定。

瑞士的委員制雖然與總統制及議會內閣制均不相同，但究實而論，此一體制實較接近議會內閣制。其理由如次：

1.國家元首（總統）每年一任，不得連任，其權力與其他委員相等，實係象徵角色的元首，而非行政權集於一身的總統，此接近議會內閣制之下國家元首的角色。

2.議會決定政府委員的任免，亦即政府建立在國會同意的基礎之上，此係議會內閣制之特質。

3.政府委員的政黨分布反映了議會內部政黨分配的現實，政府委員必須先當選眾議員，才能擔任委員，這亦符合議會內閣制的特性。

但委員制之下的集體領導型態，卻與議會內閣制的閣揆獨任領導方式，相當不同。而議會內閣制的特色之一，國家元首與行政首長分由兩人擔任，在委員集體領導體制下，亦不復見，這也可視為委員制之獨特之處。

㈣半總統制及雙重首長制

所謂半總統制 (semi-presidentialism)，是指總統經由直選產生，而總理及內閣係對國會負責，並將兩者結合於一的制度。根據此一定義，民主國家中一共有七個合乎此一制度的例子，分別是：

1.威瑪共和時期（一九一九～一九三三年）的德國。

2.奧地利。

3.冰島。

4.愛爾蘭。

5.葡萄牙。

6.芬蘭。

7.法國。

在上述七國中實施總統直選的三個國家（奧地利、冰島、愛爾蘭）基本上仍係實施議會內閣制，並不因總統係採直選方式，就使其失去議會內閣制的特質。而且在這些國家中，總統的行政權力甚為有限，有時甚至只扮演儀式性角色而已。尤其是當總統與總理為同一黨籍，而總統又非該黨領袖時，總統個人的權力角色並不重要，因此總統民選與否，實在無足輕重，更不可能僅僅因為是由直選產生，就想逾越憲法所賦與的職權，而獲得行政大權。基於此，一般憲政學者，均將此三國列為「議會內閣制」，而非「半總統制」。

至於芬蘭的總統，則因一九一九年憲法規定其與國會共享立法權，與國務委員會共享政權，並擁有廣泛的外交權，情況較為特殊。

在行政方面，總統擁有最高行政權，有權任命內閣總理，內閣雖需得到國會的信任，但若係總統與議會間對信任問題發生歧見時，總統有權解散國會。但是總統的命令卻必須在內閣會議中通過，並由有關部長副署，方得生效，此又與議會內閣制的規定相符。在外交方面，總統負責對外政策，委任駐外使節，徵得國會同意後，可與外國締約、宣戰或媾和。在司法方面，總統可徵得最高法院同意，宣布特赦或減刑。

在實際運作上，芬蘭總統的最重要權限實係外交權。相對於總統的外交權運作，芬蘭的內閣總理則將注意力集中於內政事務。此

種內、外分工的「半總統制」，實係總統制與議會內閣制之間的一種特例。

至於法國第五共和的政制安排，一般多認為，其主要特色實係實權總統制，而非總統制與議會內閣制之折衷，因此在實踐上並非真正的「半總統制」。

綜合上述各種體制，在表4-2中，吾人列出世界主要民主國家的憲政體制。

表 4-2　全球主要民主國家的憲政體制

國家元首產生方式　　　　體制名稱	君主繼承	間接選舉（由國會或選舉人團選出）	直接民選
議會內閣制	澳大利亞、比利時、加拿大、丹麥、日本、盧森堡、荷蘭、紐西蘭、挪威、瑞典、英國、西班牙	德國、以色列、義大利、法國（第四共和）、印度、匈牙利	奧地利、冰島、愛爾蘭、葡萄牙、芬蘭 (2000–)
總統制		美國	法國 (1962–1986); (1988–1992)、哥斯大黎加、俄羅斯、南韓
委員制		瑞士、烏拉圭 (1951–1966)	
半總統制			芬蘭 (1919–2000)、法國、中華民國 (1996–)

四　政治發展

政治發展是指一個社會在變遷的過程中，政治體制所發生的改

變，以及政治因素本身，對社會發展所造成的影響。通常政治發展是針對非西方的發展中國家，但是事實上也包括一些西方世界中非民主的國家，如一九七〇年代的西班牙、葡萄牙等。

　　政治發展與現代化不可分。現代化 (modernization) 是指一個社會從傳統與「非現代」，轉變而為「現代」的一個歷程。其中包括下列各項主要內涵❶：

　　㈠經濟發展。市場經濟的形成，或是經由工業化，達成快速的經濟成長。

　　㈡世俗化 (secularization)。指價值觀念的普及化、通俗化，價值體系不再定於一尊，而趨於分殊化、多元化。

　　㈢都市化 (urbanization)。人口自鄉村向都市流動、聚居，形成都會區，並形成「城—鄉」之間的差距。

　　㈣角色的分殊化與多元化❷。過去傳統社會中角色單純的現象，因為社會經濟的發展而日趨複雜，並形成分化與分工的現象。過去一個工匠可擔任多重工作，現在則因科技進步、分工精細，同一工作 (如造船或築屋)，可能必須由幾十種，甚至更多的專業人員進行分工，方能完成。除此之外，一個人也可能因為社會角色的多元化，而被賦與多重的角色。過去農業社會的一個地主，主要角色可能只是一位土地擁有者，現在則可能同時兼具地主、自耕農、地方議員、股票投資者、社會運動參與者等多種不同的身分。

　　㈤教育的普及。識字率的提升，文盲人口的減少，知識日趨大眾化。

　　㈥理性化 (rationalization)。人們運用理性的思維處理事務，強調科學、組織、紀律與計劃，避免時間、精力的無謂浪費，追求更大

的效率。

(七)政治的民主化與制度化。大眾的參與政治，選舉的定期舉行，憲政體制的制度化與穩定化。

依據政治發展理論與現代化理念，經濟的發展、社會的多元化、觀念的世俗化、教育的普及化等因素，在互動影響之後，最後應會導向政治民主，使政治體制走向憲政民主。基於此，政治發展應是在社會經濟的變遷中，政治體制趨向現代化與發展的一種過程。它也預設著，此種過程應是進步的、現代的，也比傳統的制度更適合人們的需要。

但是，也有學者對上述的觀點不表認同。他們認為，在快速的社會變遷過程中，政治體制很可能會因調適不良而發生體制性的危機，諸如革命、政變、內戰、黨派惡鬥等，甚至可能形成極權統治(totalitarian rule) 或威權專政 (authoritarian dictatorship)，有時甚至可能造成一種無政府 (anarchy) 的混亂狀態。這種情況，就不是真正的政治發展，而是政治衰退 (political decay) 了。

基於此，政治發展固然是一般開發中國家在現代化過程中的一種變遷的型態，但卻不是唯一的型態。而政治發展的軌跡也未必是直線的或進步的，它也有可能是曲折的或退步的，甚至可能是在進步與退步之間擺盪、徘徊。這正是今天全世界上真正的民主國家遠少於威權、專制國家的原因。據統計，從二次大戰結束以來到西元二〇〇〇年代初期，歷六十年間，全球的「穩定民主」(stable democracy) 國家一共只有三十六個。絕大多數均屬西、北歐與北美洲的國家，而在亞洲則只有日本一國而已。

但是從一九八〇年代中期以來，南歐與拉丁美洲開始走向自由

化、民主化 ❸。緊接著，東亞地區也開始民主轉型 (democratic transition) 的歷程。一九八〇年代末，蘇聯、東歐共黨陣營瓦解，極權體制潰散，許多前共黨國家開始進行自由化、民主化的改革。為了與前述的「穩定民主」國家做一區分，我們將這些拉丁美洲、東亞、東歐與前蘇聯的民主轉型國家，稱之為「新興民主」(new democracy) 政體。中華民國也是新興民主國家之一。

　　但是，「新興民主」卻未必能發展成「穩定民主」。過去半個世紀裡，許多拉丁美洲國家就曾經歷過「從威權到民主」，「從民主回到威權」，再「從威權轉回民主」的擺盪歷程。而最近十餘年間，一些東歐國家，包括波蘭、立陶宛、匈牙利等，反共的民主政黨在選舉中失利，反而是由前共黨（現在多改名為「社會民主黨」或「社會黨」）重新出掌政權。此一現象，實值得吾人省思。

　　根據上述的分析，「政治發展」與「政治衰退」這兩個對應的概念，以及「穩定民主」與「新興民主」這兩者的歧異發展，實應為吾人所重視。

〔附註〕

❶現代化的內涵，亦係現代性 (modernity) 的主要內容所在。但「現代化」強調的是變遷的歷程，而「現代性」則強調其性格及變遷之屬性。例如「理性化」即是同屬「現代化」與「現代性」，「世俗化」亦然。

❷「分殊化」與「多元化」指涉各有不同。「分殊化」強調專業化、特殊性。「多元化」則指的是多樣性、歧異性。因此「分殊化」比較著重職業角色與分工；而「多元化」則泛指一般的社會性角色。

❸所謂自由化 (liberalization)，指的是使原旨在保護個人與社會團體，使其免

於國家非法或違憲侵害的種種權利，得以發生實際效能的一段歷程。這些權利包括：使傳播媒體免於檢查或免除查禁；使自主性的 (autonomous) 社會團體有更大的組織活動空間；使法律上保護個人的「人身保護令」(habeas corpus) 及相關的其他法令得以發揮效能；確保隱私權、言論自由、通訊自由、請願自由與遷徙自由；法律之前人人平等及公平審判的權利；釋放絕大多數的政治犯；容許海外政治難民（放逐者）返國；以及，最重要的一點，容許反對勢力的出現。換言之，反對黨或反對勢力正式登上政治舞臺，並得自由的參與政治活動，應被視為自由化的重要指標。

至於民主化 (democratization)，則係專指公民權或公民地位 (citizenship) 恢復與擴張的歷程。民主化一方面指的是公民權的恢復，使原先因其他統治方式（如脅迫統治或軍事管制）而失去的公民參政權得以恢復；另一方面，則係指將公民權擴張給原先未享有這些權利的個人（如政治犯）或團體（如政黨及利益團體）。和自由化不同的是，民主化不僅止於使權利發生效能或擴增其涵蓋對象，而且還包括了公開的選擇與競爭，藉自由、公開、公正的選舉，決定政權由誰來掌握。換言之，自由化指的是個人與社會團體的權利擴張，使保護他們的種種法律生效；而民主化卻進一步要求全面開放參政管道，甚至包括完全開放的競爭性選舉，其結果很可能就是政權的合法轉移。

就自由化與民主化二者的關係而論，自由化不一定蘊涵著民主化，雖然廣泛的自由化措施必然增益民主化成功的可能性。而民主化若不包括自由化的措施，亦即僅開放參政管道與擴張公民參政權利，卻不包括對其他公民基本人權的恢復與擴張，則民主化的結局，不是威權統治的重返，就是導致革命性的破壞。

研究＆討論

一、國家的構成，有哪些基本要件？

二、國家結構有那些基本分類？

三、請分析三權與五權的基本異同。

四、請比較在議會內閣制與總統制之下的國家與政府關係。

五、請說明我國憲政體制下的國家與政府關係。

六、民主原則包括那些內容？試為民主做一定義。

七、何謂「直接民主」？何謂「代議民主」？

八、何謂「法治」？何謂「法制」？兩者有何異同之處？

九、何謂「憲法優位性」？它與普通法的關係為何？

十、請舉一例，說明民主與「法治」原則的重要性。

十一、何謂民意？民意有那些特性？

十二、如何區分民意與意識型態？請舉例證之。

十三、請說明「主權在民」與「主權在國會」的關係。

十四、請舉一例，說明民意與政治決策的互動關係。

十五、「民主政治」即「民意政治」，試申其意。

十六、何謂政治發展？政治發展與現代化有怎樣的關係？

十七、請比較「政治發展」與「政治衰退」。

十八、何謂民主化？何謂自由化？兩者有何關係？

十九、請舉例比較「穩定民主」與「新興民主」國家的異同。

參考書目

蘭尼 (1991),《政治學》,臺北: 桂冠。

呂亞力 (1982),《政治學》,臺北: 三民。

周陽山 (1991),《自由與權威》,臺北: 三民。

彭懷恩 (1987),《深入淺出談政治》,臺北: 天下。

道爾 (1989),《當代政治分析》,臺北: 巨流。

第五章　經濟發展與經濟生活

蘇彩足

▶第一節　經濟問題與經濟制度◀

一　經濟問題的發生

　　有人說，在現今的社會裡，每個人都是「經濟人」，面臨著各式各樣的經濟問題。那麼，究竟什麼是「經濟問題」呢？人們為什麼必須面臨這些問題呢？很明顯地，我們一般所熟知的通貨膨脹、失業、對日貿易逆差……等等，都屬於經濟問題的範疇，只不過經濟問題包羅萬象，絕非幾個例子就可列舉完全的。本節將先討論經濟問題發生的原因，再為經濟問題下定義。

　　其實，人們之所以必須面對各種經濟問題，是因為人們的慾望無窮，但世界上的資源卻不是源源不斷、永不耗竭的緣故。這裡所說的「慾望」(wants)，包括各種物質和非物質的慾望。而所謂的「資源」(resources)，指的是所有用來生產財貨 (goods)、提供勞務 (services) 的大自然資源，例如土地、原料、與人力資源等。

　　讓我們想想，為什麼我們老是覺得口袋裡的錢不夠用？為什麼報上的求才廣告登了好幾頁，但找不到工作的人仍是滿街跑？為什麼政府要以高關稅來限制日本車的進口？這些問題的答案或許五花八門，不一而足，但其中必有一個共同的原因，那就是——人們的慾望無窮，但資源有限。正因為人們有太多的物質慾望，所以口袋

裡的錢永遠不夠花費；求職的人想找個待遇好的工作，偏偏老闆們有預算限制，付不起高薪，所以失業的人和求才的人沒有交集；而政府以高關稅限制日本車進口，原因之一可能是國產車商希望少些競爭、多些利潤，才遊說政府制訂高關稅政策。

　　毫無疑問的，我們每一個人都有數不清的慾望，這些慾望不只是與生俱來的生理要求如吃飽穿暖而已，它們同時受到社會環境的影響，不停地發展演變，例如，不同地區、不同時代的人，對房屋建築款式的偏好、食物酒類的消費，和音樂藝術的選擇等，自然有不同的需求和品味。甚至往往因為科技的推陳出新，和廣告行銷的刺激，導致我們的慾望不斷衍生增多。慾望永無止境的增加，相對地，地球上的資源就更顯得匱乏不足了。

　　也就是說，因為人們的慾望無窮，但社會資源有限，不可能所有的慾望都獲得滿足，於是我們不得不有所選擇，有所取捨。從這個角度來看，最廣義的經濟問題其實就是「選擇」(choice) 的問題——在資源有限的前提下，選擇自己最想達成的慾望。例如，出國留學與否的選擇、要不要跳槽換工作的選擇、該不該生兒育女的選擇等等，都屬於廣義的經濟問題的範疇。

　　不過，若從比較狹義的角度來分析，經濟問題則是「生產」(production) 與「消費」(consumption) 的問題。一個社會最重要的任務，在於利用資源，生產各種財貨與勞務，提供人民消費，以滿足人們的各種物質的和非物質的慾望。由此，狹義的經濟問題，可分為以下三大類：

　　第一類，就是生產什麼 (what)、以及生產多少的問題。在資源有限的前提下，廠商不可能什麼都生產，而且產量的多少也勢必要

有所抉擇。譬如，農家在有限的農地上，應該是種植果樹呢？還是種植茶葉？還是二者各半？又如，政府的預算是該優先拿來購置軍火武器呢？還是為人民提供醫療保險？

　　第二類，是如何生產 (how) 的問題。例如，日立公司已經決定生產三萬臺冷氣機，那麼該雇用多少技工與購買多少機器，才能達成目標呢？生產作業程序為何？另外，假設電力公司決定增加電力的供應，那麼是以增建核電廠的方式來達成目標，或是其他的方式？這些都屬於如何生產的問題。

　　第三類的經濟問題是，為誰生產 (for whom)？即生產的成果應由誰來享用、該如何分配生產成果的問題。在有些社會中，有錢就可以買到各種產品，來滿足自己的慾望，有些社會則由政府決定人們可以消費的產品種類和數量。換言之，不同的社會，在分配問題上有不同的作法。

　　面對這三大類基本的經濟問題，每個社會自然而然演變、制定出一套規則，以尋求應該生產什麼、如何生產，以及為誰生產的答案。這一套規則，就是「經濟制度」(economic system)。

二　經濟制度

　　要有效率地運用有限的資源，以解決社會裡生產與消費的問題，就必須有一套規則來規範消費者、廠商和政府的經濟行為，這一套規則，就是經濟制度；也就是決定生產什麼、如何生產、和誰來享用的一套制度。

　　在討論經濟制度時，最常被提及的是：㈠「資本主義經濟」(capitalism)，又稱為「自由市場經濟」(free market economy)；㈡「共

產主義經濟」(communism)；和㈢「混合式經濟」(mixed economy) 三類。而其劃分的標準，主要是取決於兩個特性，即：⑴財產權的歸屬和⑵經濟決策權的歸屬。

所謂財產權的歸屬，意指土地、人力、原料等資源的歸屬權。如果這些資源的所有權為國家或政府所有，就是「公有」的型態；否則財產權即為「私有」，歸屬於個人。擁有財產歸屬權的人，就有權利決定如何使用這些資源，並且可以自由處分運用那一些資源所獲得的報酬。因此，在私有的財產歸屬制下，個人可以隨自己的意願支配自己的勞力，即個人擁有充分的就業自由。相反地，在公有制下，個人就業的自由受到相當的限制，其就業機會往往由政府安排。

經濟決策權方面，則分為「中央集權」與「市場分權」兩種。在中央集權的情況下，資源配置和產品消費都由政府集中策劃，政府告訴企業與個人生產什麼、如何生產，以及消費什麼。相對的，市場分權則是透過市場，在價格機能的引導下，生產者與消費者自行決定生產和消費的方式，所以，決策權是分散在個人手中。

因此，如果依照財產權和決策權之歸屬的特性，來描述經濟制度，我們發現，在自由市場經濟下，私人擁有財產的歸屬權，而經濟決策權也分散在個人手中，政府毫不干預私人的經濟決策；換言之，自由市場經濟制度具有私有財產權和市場分權的特徵。而處於另一極端的共產主義經濟社會中，財產歸屬權為國家所有，經濟決策權集中於政府手中。

不過，這裡所描述的資本主義社會和共產主義社會，都太過極端，在真實世界中是不存在的。在實際社會裡，沒有任何國家是極

端的放任自由，或極端的中央集權。每一個國家所採行的制度，都屬於介於二者之間的「混合式經濟」：即公、私部門各擁有一定比例的財產權，政府和個人各有一定程度的經濟決策權。只不過各個國家所選擇的混合程度不同而已，有些社會可能很接近共產主義制度下的經濟社會，例如古巴、中國大陸等，而另有一些國家則以私有財產權及消費、生產之自由為原則，以政府介入為例外，例如美國和日本。

　　由此可見，不同的經濟制度在財產的所有權和經濟的決策權上，允許個人自由發揮的空間大小，相差甚多，那麼究竟何者較優？回答這個問題時，本文擬以效率、公平和經濟成長三個面向，作為評估的標準。這裡所謂的「效率」，可定義為以既有資源獲取最大可能的財貨和勞務；「公平」則指所得與財富分配的均等；「經濟成長」表示該國所生產的財貨與勞務數量的持續增加。

　　基本上，因為資本主義社會建立在自由選擇的理念上，並且強調經濟誘因，生產者可以自由支配所獲得的利潤，所以生產活動無一不以追求最高的利潤為目標，努力製造消費大眾所想要的商品，而且在生產過程中盡量降低生產成本，所以資本主義社會的效率表現不差，但也因而容易產生貧富不均的不公平現象。

　　相對地，共產主義社會的緣起，主要目的之一，即在於修正資本主義社會下所得分配不均、貧富懸殊的弊病，所以共產主義社會特別注重分配，有時寧可強調公平而犧牲經濟效率。特別是在大家一起吃大鍋飯、缺乏獎勵誘因的心理下，共產主義社會的經濟效率普遍低於資本主義社會。

　　至於在經濟成長方面，孰優孰劣，則難有定論。表 5-1 顯示，

屬於（或比較接近）共產主義陣營的中國大陸，其經濟成長速度未
必比資本主義型態的美、加、日三國緩慢。何以共產主義社會可以
在經濟效率低落的情形下，仍然獲得相當的經濟成長呢？其主因是
共產主義國家往往以經濟成長為重要標的，在中央集權的強勢領導
下，政府極有可能下令減少消費品的生產，而將大量的社會資源運
用於機器設備等的投資上，以促進經濟發展，換言之，人民必須為
未來的經濟成長，付出犧牲個人消費的代價。

表 5-1　經濟成長率　　　　　　　(%)

	2001	2002	2003	2004	2005	2006
韓　　國	0.75	1.60	2.51	3.91	3.07	2.87
加 拿 大	1.92	3.28	1.71	3.09	2.74	2.77
日　　本	0.41	0.14	2.07	2.74	1.87	2.17
中國大陸	7.21	8.91	10.20	9.90	10.24	10.70

資料來源：中華民國招商網 http://investintaiwan.nat.gov.tw（檢
閱日期：2008/7/18）

　　此外，衡量一國的經濟成長時，我們只注重產品的數量，完全
忽略了產品的品質。其實，研究結果顯示，共產主義國家所生產的
財貨與勞務，其數量或許與資本主義國家相當，但其品質遠遜於資
本主義國家的產品，所以如果將產品品質的因素也列入考核經濟成
長的指標時，共產主義國家的表現便要大打折扣了。

▶第二節　價格機能、市場結構與經濟行為◀

一 價格機能

　　上一節提到，資本主義社會是建立在自由選擇的理念上。我們都有許許多多的慾望，但受限於資源的有限性，不得不在理性的考量下，做出對自己最有利的選擇。不過自由市場經濟的崇尚者認為，選擇是出於不得已，但選擇時，應該力求自由；也就是說，消費者有權利自由決定自己要買什麼，生產者有權利選擇要生產和銷售的物品，而勞工也應該可以自由選擇想要任職的行業。

　　不過，在這樣放任自由、缺乏統一協調的情況下，會不會消費者想買電視，而廠商卻在生產沙發？建築業人手不足，但謀職者卻只願當老師？不會的，因為「經濟學之父」亞當史密斯 (Adam Smith) 早在十八世紀時就告訴我們，只要「價格機能」(price mechanism) 運作正常，就不會發生這種供需不合的現象；因為，在經濟社會裡，價格機能就像一隻「無形之手」(the invisible hand)，有條不紊地協調各種生產與消費的選擇，不會造成一塌糊塗的狀態。

　　那麼，什麼是「價格機能」呢？何以它有如此神奇的力量呢？在解釋什麼是價格機能之前，我們先介紹經濟世界裡有名的「需求」(demand) 與「供給」(supply) 法則。試想，我們在冬裝剛上市時去逛百貨公司，是不是常看到門可羅雀，專櫃小姐無所事事的景象？但如果是在即將換季、冬裝三折時再去，則情況丕變，會發現百貨公司裡宛如戰場一般，許多人瘋狂大採購。兩者強烈對比的原因當然在於打折與否，一般消費者在冬裝剛上市、價格較高的時候買得少，

在打折後、價格較低時，增加購買數量，這就是所謂的「需求法則」。

根據需求法則，消費者希望物品的價格愈低愈好，價格愈低，需求量也隨之增加。但相對地，就供給的廠商來說，他們則希望價格愈高愈好，價格愈高，他們的生產量也才願意增加，這是所謂的「供給法則」。所以，在高山茶葉市價節節上漲之際，我們就看到愈來愈多的農民砍掉高山森林，加入培植茶葉的行列。

在供給法則與需求法則的交互作用下，賣主希望價格愈高愈好，但如果賣主喊價太高，消費者會因高價而少買或不買，造成市場上供過於求，此時賣主只好削價求售，市價自然會下跌；相反的，如果市價太低，會造成消費者搶購，造成供不應求的情形，聰明的商人就會趁機調高價格，造成市價上漲。這種調整的過程，就像一隻看不見的手，操縱著市場交易，使供需數量相符，不致失調，這就是所謂的價格機能。

因此，在價格機能下，所有交易的物品——財貨、勞務，都有價格。物品的價格，就反映了買方希望購買的數量和賣方願意提供銷售的數量。也就是說，如果買方要多買某項物品，則其價格會上漲，於是刺激生產者多生產、多銷售。如果買方要少買，物品的價格就會下跌，於是生產者就知道該減少生產、銷售這些產品。這種市場中買賣雙方的交互作用，以及由此所造成的價格變動，使得市場裡的供給與需要大致相符。

不過，價格機能的發揮，其前提條件是「市場」(market) 的存在，這是為什麼價格機能通常也被稱為「市場機能」的原因。以下我們介紹市場的定義及其種類。

二 市場結構

　　在我們一般人的習慣用語中，「市場」一詞指的是買賣雙方進行交易的場所，如魚市場、菜市場、超級市場、跳蚤市場等等。不過，在經濟學的概念裡，市場不一定是一個具體有形的場所，它可以是一個抽象的概念，而且經濟體系裡的每一種財貨和勞務，都可以有一個自己的市場。例如，冷凍食品市場、中古屋市場、股票市場、婚姻媒介市場、托兒服務市場⋯⋯等等，不勝枚舉。而任何一個市場，都包括買賣雙方、交易的商品和交易的條件；換言之，這三者的總和就是市場的定義。

　　市場最主要的功能，在於使買賣雙方透過交易，完成互利的結果。買方就是消費者 (consumer)，如買水果的顧客、診所的病人、計程車的乘客等都是；賣方即生產者 (producer)，包括大公司的老闆、牙醫師、路邊的小攤販⋯⋯等，都符合經濟學定義下的生產者，而且在經濟學中，「生產者」與「廠商」(firm) 二詞經常互用。

　　市場的種類繁多，我們根據競爭性的準則，將市場分為四大類，即「完全競爭市場」(perfect competition)、「獨占市場」(monopoly)、「寡占市場」(oligopoly)、與「獨占性競爭市場」(monopolistic competition)。

　　什麼是「完全競爭市場」？一個完全競爭市場裡，有很多家廠商，每一家廠商所銷售的都是相同品質的產品，消費者分辨不出各家產品有任何差別。在這種銷售者眾多，而所售產品又毫無差別的情況下，沒有一家廠商可以任意抬高產品價格，而不流失顧客。也就是說，任何單一廠商對市場價格都完全沒有影響力。在這樣的定義下，

我們不難發現，現實社會中，純粹的完全競爭市場是不存在的。或許我們可以說，臺灣地區的空心菜市場，勉強接近完全競爭市場，任何一家種植空心菜的農家，對價格的影響力幾近於零。

那什麼是「獨占市場」呢？獨占市場也可稱為壟斷市場，即在某一市場上，只有一家生產廠商，而且它的產品沒有同性質的替代品存在。因為「僅此一家」，這個獨占廠商壟斷整個市場，它影響市場價格的力量自然不容輕視；當獨占廠商提高產品的價格時，消費者固然可以減少購買的數量，但因為不容易找到近似的替代品，所以獨占廠商提高售價的結果，其銷售量可能會降低，但降低的數量有限。獨占市場的例子不難找，例如，某個小鎮上如果只有一家保齡球館，在保齡球運動的這個行業裡，該球館就是小鎮上的獨占廠商。另外，像臺灣地區的電信業與鐵路交通業，都屬於獨占市場的例子。

獨占市場是怎麼形成的呢？基本上，造成獨占的原因，不外乎下列兩點：一是該產業具有法令的進入障礙，所以新廠商難以加入；二是壟斷廠商本身擁有成本優勢，所以其他廠商無力競爭。

㈠如果政府訂有法規，禁止新廠商生產某項產品或進入某一行業，這個產業就具有進入市場的法定障礙 (legal barriers to entry)，譬如臺灣地區的郵政、電力事業、蔗糖製造等，都在政府的法令限制之下，造成市場壟斷的情形。此外，政府有時會賦予發明者某項產品的專利權，以禁止別人剽竊發明者的智慧財產，如此一來，在專利權的有效期間，該項產品的生產廠商，便具有市場的獨占地位。

㈡有時獨占廠商擁有成本優勢，其他廠商自然無力競爭。廠商具有成本優勢的原因之一可能是「規模經濟」(economies of scale)，

即廠商的生產規模很大，當它達到極高的產量後，平均成本仍在降低之中，所以它能以低廉的成本銷售產品，其他不具規模經濟的競爭者自然無法招架，不得不退出市場。另外，如果獨占廠商在研究發展上成效卓著，擁有生產該項商品所需要的關鍵性技術，自然也可以降低生產成本，使得競爭對手不易加入。

　　第三類和第四類的市場型態為「寡占市場」和「獨占性競爭市場」，是介於完全競爭和獨占二者之間的市場結構，在經濟學中二者統稱為「不完全競爭市場」。它們的共同特徵是對於產品價格有某種程度的控制能力，並且必須面對來自同業間的競爭壓力。在現實社會中，絕大部分的產業屬於這兩種市場型態之一。

　　獨占性競爭市場，一方面具有部分完全競爭市場的特徵，另一方面又有某些獨占市場的特性。因為此一市場中，有許多廠商，每家廠商的產品都有其獨特性（獨占性），但是各家的產品又都可以互相代用。醬油的市場，就是一個好的例子。某種品牌的醬油製造商對其生產屬於獨占性，其獨占是由於品牌的名稱；因此，同樣品質、但不同品牌的醬油，可能因為其中一家比較善於宣傳，它可以以略高的價格銷售出去。也就是說，在獨占性競爭市場之中，廠商對於產品的價格具有控制能力，這一點和獨占市場相似。但因為此一市場中，廠商較多，供應相似的產品，而且新廠商可以自由加入此一市場，不受任何限制，所以，廠商對於價格的控制力相當有限，這一點有異於獨占市場，而和完全競爭市場相近。

　　寡占市場，則指某一市場，為少數幾家大廠商所壟斷。每一廠商的產量，在總產量中所占的比例甚大，所以任一廠商產量的增減，都可對市場價格發生左右作用，進而影響其他廠商的銷售與收益，

換句話說，即幾家大廠商之間彼此牽制。而且值得注意的是，在寡占市場中，即使仍有若干小廠商存在，但它們的產量占整個市場的比例很低，對於價格的漲跌，幾乎沒有任何影響。以例子說明，臺灣地區的冷氣機市場，顯然就是屬於寡占市場的結構；它不是獨占市場，因為該行業裡的生產廠商不只一家；另一方面，廠商數目雖然不少，但主要還是由幾家大廠商主控市場，這些廠商的產品，價格互有高低，顯示廠商對於價格有某種程度的控制能力。當某一廠商單獨提高價格時，它的顧客會被其他廠商拉走一些，但不會全部流失。譬如某些人可能特別喜愛日製冷氣機，所以縱使日幣升值，抬高了日製冷氣的價格，他們仍然願意支付較高的價錢來購買。

寡占市場的大廠商之間，有時為了避免彼此間的激烈競爭，會公開或暗地裡相互勾結，形成「卡特爾」(cartel)，以聯合壟斷市場，提高自己的利潤。通常卡特爾最常使用的手段是訂定統一價格與分配銷售市場。因此，卡特爾聯合壟斷市場的結果就如獨占市場一樣，有損消費者的利益，造成資源的浪費。所以，許多國家都以法律明文禁止廠商之間的聯合壟斷行為，例如歐美各國的《反托拉斯法》(anti-trust law) 和臺灣地區的《公平交易法》，目的即在防範具有控制市場價格力量的廠商，濫用其市場力量，賺取不當利潤，以維護產業的公平競爭環境。

對上述四大類市場結構有了基本的瞭解之後，我們要問：究竟那一種市場結構比較有效率？根據學術研究發現，競爭壓力的大小，是決定生產效率高低的主要因素。在市場獨占或是聯合壟斷的情況下，壟斷廠商沒有競爭對手或潛在競爭對手的威脅，常常有拉高售價、壓低產量的行為，造成資源配置的浪費。相反地，完全競爭市

場和獨占性競爭市場中的廠商，面對同業間其他廠商的競爭，無法任意支配產品價格，不會造成獨占市場中價高量低的弊端，生產效率可以發揮到最大。

這種競爭壓力大小與生產效率密切相關的主張，與「可競爭市場理論」(contestable markets theory) 是相符合的。「可競爭市場理論」的主要論點是，只要市場具有「可競爭性」，也就是廠商進出該市場沒有任何阻礙，則縱使市場上現在只有一家廠商，但因為它時時受到潛在競爭者（即可能加入的新廠商）的威脅，它的行為會類似於競爭廠商，而不會像獨占者一樣地任意抬高價格，賺取過高的利潤。

因此，崇尚自由市場經濟的人，都極力呼籲政府要減除進入各項產業的法定障礙，建立公平競爭的環境，以防止獨占市場和聯合壟斷的出現。讓人們自由地去創業和競爭，市場上充滿了競爭，世界上的有限資源就能為人們創造出最大的滿足感。

三　經濟行為

消費者購買財貨或勞務，以滿足自己的慾望；生產者為了利潤，生產產品進行銷售；因而，二者在市場交易。這些消費、生產與交易的行為，就是經濟行為。

所謂消費 (consumption)，乃指人們為了滿足慾望而使用財貨或勞務的經濟行為。在自由市場經濟下，人們的消費選擇，受到個人偏好、收入高低和物品價格的影響。在個人預算的限制下，消費者選擇最能滿足自己慾望的產品和數量。

而消費者的選擇，會透過價格機能，影響生產者的生產決定。譬如消費者對於傳真機的偏好增強，需要增加，傳真機的市場價格

便會上升，這時生產者為了追求利潤，自會增加傳真機的產量。這種消費者藉著價格制度，引導經濟體系生產他們所需求的產品的現象，就是「消費者主權」(consumer sovereignty) 的概念──消費者擁有主權，可支配影響社會的生產活動。

生產 (production)，就是生產者結合各類生產要素（如勞力、土地、資本與企業才能等）來製造產品，以供消費者使用、滿足慾望的行為。在資本主義制度下，生產活動莫不以追求利潤為目標，所以生產的決策，有賴價格機能的指引。通常生產者首先要決定投資的方向，該生產什麼最容易獲利？如果某一產品的價格不斷上漲，表示消費者對此一產品的需求很大，目前供不應求，及時加入生產的行列，就有獲利的機會。接著考慮生產的方式問題，所遵循的原則是多利用生產力高、成本低的生產要素。隨後則覓妥廠房、機器、原料，雇用勞工，加以經營生產，銷售產品，再以銷售所得償付各項費用，以賺取剩下的利潤。

交易 (exchange) 是雙方出於情願的交換行為。如果有一方對另一方施加壓力，或以暴力脅迫對方而進行的交換行為，則不能稱為交易。雙方之所以心甘情願進行交易，是因為他們都預期交易對自己有利，會使自己的效用（滿足感）獲得提升，否則，只要有一方預期自己不會獲益，交易便不可能存在。

不論是消費、生產或交易，這些經濟行為的動機，都源自於個人的自利心 (self-interest)，是每個人考慮過成本、效益後的決定，經濟學家把這種自利行為稱為是「理性行為」(rational behavior)。因為人都是理性的、自私自利的，所以消費者希望以最便宜的價錢，享受到最好的商品，生產者則要用最低的成本，獲得最大的利潤。經

濟學家並且強調，人人自私自利的結果，並不妨礙整體社會福利的提升。亞當史密斯也曾說過，自利心是促使社會進步的原動力。

　　想想看，人們之所以努力奮鬥，不就是出於利己的動機嗎？上班族朝九晚五，為的是薪水與升遷；學生 K 書準備考試，為的是文憑；夫婦倆省吃節用，目的是想購屋換屋。這些自利的經濟行為，不但無損公利，反而使得企業得以營運生存，使未來勞力市場的人力資源品質提高，使房屋市場生機盎然。再說，我們在市場所能買到的商品，那一樣不是廠商為了賺錢自利所製造出來的產物？所以，個人的私利與社會的公利是可以相互調和的，分工、交易、儲蓄、投資諸事，雖然出自於個人的自私自利，但對社會經濟成長有莫大的助益，全體國民皆可受惠。

　　當然，並不是所有自私自利的行為，都無悖於公益，有時自私自利的結果是損人利己的，這就是經濟學家所講的「社會成本」(social costs) 的概念。譬如某甲貪圖方便，隨意停車，因而擋住了巷弄出口，對其他人造成不便，如此一來，甲的行為產生了社會成本，而且很可能它所產生的社會成本，遠大於甲個人任意停車所獲得的效益，若是如此，這樣的行為顯然不合於經濟效率。此時，為了降低社會成本、提高經濟效率，政府的適當干預是必要的，強行拖吊違規停車的作法，即是政府干預的一種方式。

▶第三節　國民所得、就業與經濟政策◀

一 國民所得的意義

　　在個人理性的經濟行為下，全體社會的生產成果為何？該怎麼

衡量？換言之，一國的國民所得或是國民產出怎麼計算？這是本節所要探討的第一個問題。

　　一般而言，衡量國民所得最通用的指標是「國民生產毛額」（gross national product，簡稱 GNP）。所謂「國民生產毛額」，也就是一國全體國民在一定期間內（通常是一年）所生產的最後財貨與勞務的市價總值。這裡所稱的「最後財貨」，乃指最後完成的產品而言；若以棉花、棉布和棉衣為例，棉花是原料，棉布是半製品，只有棉衣才是最後財貨。而我們在計算國民生產毛額時，因為棉花的價值已經包含在棉布價格之中，而棉布價值也已涵蓋在棉衣之價值中，所以只計算最後財貨的市場價值，而將中間性財貨（即原料、半製品等）價值剔除，以避免重複計算，導致高估總體經濟活動的成果。

　　因此，所謂國民生產毛額，就是一個國家全年所生產的物品之價格總額。將 GNP 除以人口總數，就能大致表明每個國民的平均所得。也就是說，每人平均 GNP 愈高，就是愈「有錢」的國家。國民所得就是用來測度總體經濟活動的具體指標。雖然它無法完全衡量國民經濟福利，但它已是全世界最通用的比較不同國家、不同時期人民經濟生活的標準。

　　表 5-2 顯示臺灣地區「平均每人國民生產毛額」增長的情形。表 5-3 比較臺灣、日本、美國、新加坡、香港和南韓等地平均每人國民生產毛額的大小。

表 5-2　我國平均每人國民生產毛額
（單位：新臺幣元）

年　別	金　額
2001	451,308
2002	470,426
2003	482,284
2004	506,650
2005	518,511
2006	536,566
2007	566,566

資料來源：中華民國統計資訊網
http://www.stat.gov.tw
（檢閱日期：2008/07/18）

表 5-3　各國平均每人國民生產毛額——國際比較
（單位：美元）

年　度	臺　灣	日　本	美　國	新加坡	香　港	韓　國
2001	13,348	32,717	35,338	20,662	25,356	10,159
2002	13,604	31,269	36,104	20,638	24,392	11,497
2003	14,012	33,705	37,495	21,844	24,102	12,717
2004	15,156	36,740	39,624	24,182	24,898	14,206
2005	16,113	36,452	41,696	26,282	26,124	16,413
2006	16,494	35,169	43,761	29,079	28,222	18,401

資料來源：經濟部統計處 http://2k3dmz2.moea.gov.tw/gnweb/
（檢閱日期：2008/07/18）
說明：平均每人國民生產毛額＝GNP／年中人口數

　　為什麼前文中說國民所得是衡量全體社會生產成果的具體指標，但又指出它其實並不能完全衡量國民經濟福利的高低？其原因在於我們計算國民所得時，有以下幾點不周全的地方。

　　第一，無市場價格的財貨與勞務的價值，並未計入國民所得之中。因為國民所得指標的計算，是以市場價格為基準的，可是某些生產活動並無市場價格，便無法列入計算。最明顯的例子就是家庭內的生產活動和各種義工活動，例如家庭主婦操作家務、看顧小孩的價值，和慈濟功德會的各種義工服務，就無法從國民所得的指標中反映出來。另外，休閒活動的價值也被忽略；但很明顯地，與其他的財貨和勞務一樣，休閒的久暫與品質，深深影響到個人的福利。

　　第二，民眾申報不實，地下經濟難以掌握。政府在統計國民所得時，常須依賴人民報稅時所填具的資料。可是人們為了逃稅，有時會申報不實資料，特別是如果他的所得是來自非法的交易時，隱匿不報是最通常的作法。這種逃稅與從事法律所禁止的交易的經濟行為，就是所謂的「地下經濟」(underground economy)。地下經濟包括未申報勞務報酬的家庭托兒、演藝人員未誠實申報的表演所得、走私管制進口的產品等等，這些產品與勞務的價值大小，很難精確估算，造成官方的國民所得數字太過低估實際的國民生產價值。

　　第三，生產與消費活動所造成的社會成本，未從國民所得中扣除。個人在生產、消費財貨與勞務的過程，有時免不了會產生社會成本，例如對於環境資源的破壞、廢水廢氣與噪音的排放，都是常見的有損他人福利的負產品。但是我們在計算國民所得時，卻只計算這些生產活動或消費產品的正面價值，而忽略了附帶所造成的社會成本。若由此一角度分析，國民所得統計明顯地高估人民的實際

福利。

　　第四，國民所得無法反映社會所得分配的情形。國民所得是一個總和的概念，至多只能瞭解「平均」每位國民的所得情形，無法獲知真實的所得分配情形。但全體人民福利的高低，與社會所得分配的公平與否，絕對有密切的關係。貧富懸殊的所得分配，是社會人心不平的根源之一，不但使階級對立尖銳化，也容易造成社會動亂，嚴重影響人民的生活品質與經濟福利。

就　業

　　上節提及，由於國民所得的統計不盡完美，國民所得的數據並不能完全衡量該國人民福利。不過，大致而言，國民所得較高的國家，人民的生活水準較高，是無庸置疑的事實。因此，提高國民所得成為各國政府努力的目標。

　　為了提高國民所得,政府的重要任務之一是充分利用人力資源，即降低「失業率」(unemployment rate)，達成「充分就業」(full employment) 的理想，讓有工作能力、而且想找工作的人，都找到願意接受的工作。在這兒「失業率」的定義，是指在尋找工作、但找不著工作的人，占全部有意願工作者的比例；這其中不包括沒有工作能力、或沒有工作意願的人，如年老無工作能力者、學生、家庭主婦等。

　　這裡要提醒的是，「充分就業」一詞，並不意味著社會上人人有工作或失業率是零。一個社會裡，即使在經濟最繁榮的時候，也有人失業，因為「摩擦性失業」是不可避免的。許多經濟學家認為，只要失業率維持在百分之六以下時，就算是達到充分就業的理想。

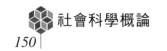

什麼是「摩擦性失業」？經濟學者通常將失業分為三類：

㈠摩擦性失業 (frictional unemployment)：由於缺乏對於勞動市場的充分瞭解（例如那幾家公司正在徵才、薪水若干等），求職者與徵才者之間一時無法配合所造成的失業，就是摩擦性失業。在摩擦性失業的情況下，勞動市場上有某些空缺，可能正適合求職者的需求，另一方面，求職者也符合雇主的條件，只是求才與求職的行動，皆需要一段時間，如登報、筆試、面談，雙方往往一試再試，希望獲得最好的工作或人才，在這一段尋求的過程中，求職者就成為所謂的摩擦性失業者。

㈡結構性失業 (structural unemployment)：由於產業結構的轉變，落後的技能逐漸被淘汰，某些類型的工作因而消失不見，導致一些勞工失業。如果這些失業者對於新增產業所提供的工作機會，缺乏可勝任的技能，就會導致求才與求職間不能配合的現象，這就是結構性失業。例如，臺灣的紡織業、製鞋業，已逐漸沒落，這些沒落行業所釋出的勞工，往往需要接受新技能的訓練後，才能順利改行，找到理想的工作。

㈢景氣性失業 (cyclical unemployment)：因經濟不景氣，缺乏工作機會，所引起的失業。這類的失業者數目，隨著經濟衰退、工廠紛紛關門而不斷增加，但在經濟復甦期間，則隨生產的上升而逐漸減少。

因此，摩擦性失業和結構性失業，意謂著勞動市場中仍有工作機會存在，只不過摩擦性失業者需要一段尋覓時間，才能得到合意的工作，而結構性失業者必須重新接受新技能的訓練，才能進入新的工作崗位。唯有景氣性失業大不相同，它是由於經濟不景氣，工

作機會大幅減少，造成勞動市場供過於求，人浮於事，在景氣未回升之前，失業者不可能人人順利找到職業。

　　失業人口的存在，特別是因產業結構轉變和經濟不景氣所引起的失業，表示社會中有一些可用而未用的人力資源，是社會資源的嚴重浪費，妨礙經濟成長。而且從個人的角度來說，欲就業者無業可就，不但他失去賴以維生的所得來源，也貶抑個人的工作成就感，嚴重損害國民福利。

　　與其他國家相比較，臺灣地區的失業率一直很低，不曾是嚴重問題。反倒是勞力不足，特別是基層勞工的短缺現象日益惡化，引起社會大眾的關注。外籍勞工的引進，成為頗受爭論的議題。基層勞工的短缺，原因很多，包括青少年就學率上升，延緩進入勞力市場；以及社會投機風氣充斥，以致國民就業意願低落等等。不過，基層勞力不足，是經濟發展到相當階段時容易產生的現象，對臺灣的廠商而言，勞力短缺，雇用基層勞工的成本提高，正可逼使他們不得不由勞力密集轉為資本密集、技術密集的生產方式，未嘗不可視為是經濟轉型、工業升級的一個新契機。

三　經濟政策

　　經濟政策是政府為了達到某些目標，所採取的各種影響經濟活動的措施，包括財政政策、貨幣政策、產業政策、所得政策、貿易政策……等各種類型的政策。這些經濟政策所要達成的近程目標，有時是降低通貨膨脹的壓力，有時是想減少貿易逆差，有時則是為了提供廠商投資的誘因等各式各樣的目標，因時因地因社會的需要而異，並非一成不變。不過，儘管各種經濟政策所要達成的近程目

標各有殊異，但其最終目標不外乎是「經濟穩定」四字，也就是在物價波動不大、失業率不高的情況下，維持穩定的經濟成長。

不過，在經濟快速變動和日益複雜的今天，政府要藉經濟政策以維持一定的經濟成長，其實是一項高難度的挑戰。通常政府同時面對各種經濟問題，制定了各式各樣的經濟政策來解決問題，然而每一種政策、每一項措施，都有其一定的影響和效果，不同政策之間的效果可能是一致的，也有可能是相互牴觸的，因而政策付諸實行後的淨效果為何，常充滿了不確定性。本節以財政政策和貨幣政策為例，闡述政府在採行經濟政策時所受到的種種限制與不確定性。

政府藉著調整公共支出或租稅政策，以穩定經濟的各種措施，就是「財政政策」。在經濟不景氣時，政府可以擴大公共支出或減稅，以增加人民對商品的需求，來對抗衰退，這是所謂的「擴張性財政政策」(expansionary fiscal policy)。譬如，政府增加公共工程預算，可以帶動營造業的發展，創造就業機會；大幅降低所得稅率時，則人民手中可支配的所得增多，消費能力提高，便能刺激商品的生產，使景氣回升。反之，如果有物價上漲的壓力，政府可以採取「緊縮性財政政策」(contractionary fiscal policy)，即減少政府支出或增稅，冷卻社會上過熱的消費需求，以對抗物價膨脹。

「貨幣政策」則是政府透過改變貨幣供給，來影響經濟，以達成物價穩定、經濟成長的目標。這裡「貨幣供給」的定義，簡單的說，是指銀行體系以外各部門持有的通貨（紙鈔、硬幣）和存款。一般而言，商品交易數量不變時，貨幣供給增加，會造成物價水準上揚；也就是說，一個國家如果貨幣供給額增加過速，同時又無適當疏通管道，將會造成資金氾濫，在廠商沒有增加商品產量的情況

下，過多的資金追求數量有限的商品，會對物價造成上漲的壓力。在遭遇物價上漲的壓力時，政府所採取的各種減少貨幣供給的措施，就稱為「緊縮性貨幣政策」(contractionary monetary policy)；反之，政府為了對抗經濟不景氣時，增加貨幣供給以提高總需求，稱為「擴張性貨幣政策」(expansionary monetary policy)。

　　在臺灣地區，掌控貨幣政策的主要機關為中央銀行。中央銀行控制貨幣供給額的主要工具有公開市場操作、重貼現政策、存款準備率政策等。

　　在理論上，不論是擴張性或緊縮性的財政政策與貨幣政策，使用的時機和效果，都十分明確。但在實際運用時，需要面臨的是十分複雜的過程，常常會發生時間落差、緩不濟急的情形，包括認知延遲、決策延遲、執行延遲與效驗延遲等多項問題，降低了這些政策的預期成效。一般而言，財政政策比較容易發生決策延遲與執行延遲，而貨幣政策有比較嚴重的效驗延遲。

(一)認知延遲 (recognition lag)

　　經濟現象的變化，例如物價的上漲、失業率的爬升，是否會轉變成嚴重的經濟問題，須由政府制定財政或貨幣政策來解決，還是政府無須出面干預，由市場機能自行調適即可，常會引起政府決策階層人士的猶疑與爭議。通常在政府意識到問題的發生，確定它的嚴重性，終於決定以政策進行補救之前，政府已等待、觀察了一陣子，這一段等待與觀察的時間，是認知延遲產生的原因。

(二)決策延遲 (decision lag)

　　一旦政府確認問題的嚴重性，決定採取干預措施時，財經當局必須與立法部門溝通，以制定必要的政策，特別是財政政策涉及公

共支出規模與結構的調整、涉及增稅減稅，通常要經過一番周折，才能獲得立法部門的同意。貨幣政策則由中央銀行獨立負責，比較不受立法部門的牽制，故其決策延遲不如財政政策嚴重，不過中央銀行決策階層在選擇改變貨幣供給額的工具時（即公開市場操作、重貼現率政策，或存款準備率政策等的選擇），通常也免不了有番爭辯與討論，所以決策延遲的情形仍是存在的。

㈢執行延遲 (execution lag)

政府所選定的決策付諸實行時，必須遵循一定的程序，相當耗費時間。尤其是財政政策，政府執行歲入歲出預算時，不能迴避各種複雜的租稅、預算、會計、審計等法規，例如擴大國宅建設支出時，工程的公告、招標、與發包，就牽涉到冗長的行政程序。貨幣政策在執行方面，則只須中央銀行宣告調升或調降重貼現率、存款準備率，或直接在公開市場買賣債券，執行較為快速。

㈣效驗延遲 (impact lag)

自政策開始執行，至效果真正發揮，需要經歷一段時間；並且，究竟需要多久的時間，才會開始產生效驗，以及所產生效驗的大小，財政學家與貨幣學家其實也沒有百分之百的把握。通常我們可以預期：貨幣政策生效所需的時間，比財政政策所需時間為長。

除了這四項延遲之外，如果政府同時推行財政政策與貨幣政策時，二者之間，有時會有矛盾不合、效驗互相抵銷的狀況出現。所以，要經由政府的財政政策以及貨幣政策，來抑制通貨膨脹，達成充分就業的目標，絕非如教科書上所談的那般容易。特別是如果效驗延遲估算失準時，有時反而會使總體經濟不穩定的情形更加惡化。例如，在經濟衰退時，政府採取擴張貨幣供給或增加公共支出的措

施，希望刺激消費，增加就業，可是有可能等到這些擴張性政策真
正發生效果時，經濟已經自動復甦，那麼現在才開始發揮刺激作用
的擴張政策，不但無法達成穩定經濟的目的，甚至可能帶來資金過
多、物價上漲的苦惱。因此政府在採取各項干預措施時，往往再三
考量，極其謹慎。

▶第四節　經濟發展與世界經濟◀

一 經濟發展的決定因素

　　如果以今天一般先進國家人民所享受的物質標準來衡量，我們
可以說在二十世紀以前，地球上大部分的人民，幾乎都是生活在貧
困中，少有例外。這種情形，一直到進入二十世紀之後才有改變。
人類在二十世紀之後，由於生活水準的差異，可劃分成兩大陣營，
其中一個陣營是所謂的「開發中國家」，它包含了世界三分之二左右
的人口，他們的物質生活多年來沒有太大的改善，依然在為擺脫長
期的窮困而辛苦奮鬥。另外比較富裕的一個陣營，包含另外三分之
一的世界人口，即所稱的「已開發國家」，他們的生活型態和貧窮國
家的人民迥然不同。為什麼？為什麼有的國家可以在過去數十年內，
得到極大的經濟成就，脫離貧窮？而為什麼有的國家用盡方法，仍
然無法享受經濟發展的果實？換句話說，為什麼各國的經濟發展呈
現這麼大的差異？原因何在？

　　影響經濟發展快慢的因素很多，相當複雜，包括一國自然資源
的多寡、政治與社會的結構等。不過一般經濟學家都同意，人力資
源、資本財的累積和科技進步三項，是最主要的決定因素。

㈠人力資源：人力資源可以說是經濟發展中最重要的龐大資源，它的充裕與否，取決於人口數量和人口素質兩個因素，其中素質因素尤其重要。因為人口增加固然會增加勞動人口，但也意謂著更多的消費人數，所以每人平均國民所得未必會上升。反觀人口素質的提升，可以在勞動人口沒有增加的情況下，仍然提高每人平均國民所得，帶來經濟成長。因此，加強學校教育和在職訓練，是最有效的改進人口品質、進而壯大人力資源的辦法。

㈡資本財的累積：資本財是指用來協助生產的機器設備、廠房建築等物，對於經濟成長有莫大的助益。例如，完全以手工剪裁縫製衣服，自然不如靠縫紉機、甚至全自動化的製衣機器來得快速；印刷廠以人工排版，和以電腦排版，二者的經營效率絕對大不相同；這裡，縫紉機、自動化製衣機器、電腦，都是資本財的例子。這類資本財的增加，意謂著將來產品產量的增加，自然可以促進經濟成長。不過，想要累積資本財，前提條件是人民必須減少或犧牲現在的某些消費，將節省下來的所得儲蓄起來，再去購買這些生產工具，資本量才得以累積。所以，資本財的存量大小，與人們的儲蓄行為，有密切的關係。

㈢科技進步：這裡所謂的科技，包括生產的知識與技術、企業組織與人力資源的管理。因為科技的突破，使得以同樣的資源能夠獲得比以往更多數量、更多樣式的產品，也就是資源利用的效率提高。所以，形容科技是生產活動的引擎，並不為過。

二 臺灣的經濟發展回顧

在經濟發展史上，臺灣的例子常被人用「奇蹟」二字來形容。

現在讓我們回顧一下，過去六十多年來，臺灣經濟發展的情形。

　　臺灣於一九四五年抗日戰爭結束後，從日本手中收回，即採取均衡漸進的經濟策略，以農業培養輕工業，再以輕工業推動重工業，並由對外貿易的拓展，帶動整個經濟。由於貿易的不斷擴展，統計自一九五二年到一九九四年，臺灣的經濟成長率平均高達百分之八以上。這種長期的、穩定的經濟成長表現，無論在先進國家或開發中國家，均不多見。而且，在這段經濟發展的過程中，除了光復後的最初幾年，因為貨幣供給量增加太快，而引起嚴重的通貨膨脹，以及一九七〇年代國際石油危機發生時，臺灣物價曾有過劇烈的上升之外，大部分期間，國內物價都能保持相當的穩定；失業率也都維持在充分就業的水準。在國際舞臺上，臺灣的經濟實力受到各國的肯定。

　　許多學者認為，臺灣過去這些年的經濟奇蹟，立基於充沛的人力資源。我們不僅有勤奮的低廉勞力，而且其中不乏受過高等教育的人才。有人形容人力資源是臺灣經濟的唯一王牌，足見其關鍵性的重要地位。此外，政治與社會結構的穩定、企業家投資意願高、物價平穩、高儲蓄率，都是臺灣經濟發展順利的原因。

　　但今天我國廉價的勞力優勢已失，基層勞力不足，必須引進外籍勞工以為補充；地價飆漲，土地取得不易，影響廠商投資意願。反觀中國大陸與東南亞各國，或恃其豐沛的人力資源，或恃其廣大的國內市場，在吸取外資方面不遺餘力，不少臺商就在這種情況下，紛紛將其產業外移。一時之間，「產業空洞化」的憂慮瀰漫臺灣全島。所謂「產業空洞化」是說，因為本國工資太高或匯率變化等因素，致使本國產品價格高漲，無力與他國產品競爭，因此，在本國生產

倒不如直接進口他國的產品，再在國內轉售，或是在國外建廠生產
來得省錢；如此一來，該產業在國內消失，這個現象就是「產業空
洞化」。

不可否認的，臺灣地區有些沒落的產業的確有空洞化的跡象，
廠商把工廠轉移到海外，國人消費所需改為依賴進口。不過，這種
現象未必不好，因為如果能夠以更低廉的價錢，買到相同品質的進
口貨品，又何必勉強國人自行生產呢？至於產業外移後所釋放出來
的勞力、土地，正可以用來培植更適合國內環境的新產業，自勞力
密集轉向資本密集、技術密集的產業，以生產附加價值較高的商品，
如此才有機會加強我國產業的國際競爭力，繼續擴展貿易。

三 世界經濟的新情勢

在今日的世界舞臺上，不僅僅是臺灣有傲人的經濟成長，其他
亞太地區中的南韓、香港、新加坡、中國大陸等地，經濟也在持續
成長。而這些國家和臺灣一樣，其經濟成長的動力來自國際貿易，
它們在國際貿易中所占的比重不斷加大。

現在讓我們想想，在今日的世界，如果沒有了國際貿易，日常
生活會有多大的不同？是否還會像現在這麼便利、這麼多彩多姿？
我們每天早上起床漱洗，所用的牙膏是美國產品，所沖泡的奶粉來
自澳洲，所換穿的襯衫是日本製品，上班搭的是匈牙利公車，而汽
油是沙烏地阿拉伯進口原油所提煉的⋯⋯。很明顯的，今天我們的
消費與生產活動已跨越了國境，國與國間的藩籬已逐漸模糊，整個
世界進入了所謂的「無國境經濟」(borderless economy) 的時代。舉
例來說，如果中東各國停止供應石油給我國，臺灣的經濟馬上會受

到很大的衝擊；相反地，我國的電腦外銷產品若中斷供應，也會有不少國家感到不便。也就是說，世界各國藉由貿易而緊密地連結在一起，互享生產的成果，使得各國人民的經濟福利都提高了。

　　由於國際貿易的重要性，現在世界各國彼此之間的依賴關係日益加深，國境界線愈來愈模糊，整個地球呈現「四海一家」的趨勢。過去往往局限於區域性的通貨膨脹與景氣循環，現在很容易就演變為全球性的通貨膨脹與世界性的景氣蕭條，顯見各國經濟活動的興廢榮枯，相互影響，牽一髮而動全身。

　　因為繁榮的國際貿易對各國人民都有好處，美國在二次大戰後即積極推動國際合作，力圖減少國際上的貿易障礙，使各國更能物暢其流。一九四七年於瑞士日內瓦成立的「關稅暨貿易總協定」（General Agreement on Tariffs and Trade，簡稱GATT），就是「貿易自由化」理念下的一項重大成就。GATT的成員多達一百多國，行使兩大功能，一個是扮演調解國際貿易糾紛的仲裁角色，另一個則是推行世界貿易的自由化，例如協調各國降低進口商品的關稅，或取消對進口數量的限制，以使物品交易活躍。不過因為GATT缺乏對會員國強制執行的力量，所以它在功能的發揮上並不如預期般圓滿。自一九九五年一月起，「世界貿易組織」（World Trade Organization，簡稱WTO）開始運作，WTO將完全取代GATT，成為監督與執行全球自由貿易的最重要機構。

　　在全球經濟日益緊密的同時，「區域經濟合作」的趨勢也慢慢蔚為潮流。所謂的「區域經濟合作」，是某一區域內的幾個國家形成經濟合作組織，採取一些可以促進彼此經濟利益措施的一種作法。最典型的區域經濟合作的例子，是一九九二年歐洲各國所成立的「歐

洲共同體」(European Community; 現已稱歐洲聯盟, European Union); 其長期目標在於消除加盟國之間的各種法令障礙, 使盟國之間的人員、物品、金錢都能自由地在區域內移動, 以促進經濟發展。例如, 免除護照與簽證, 調和財稅政策, 採行單一貨幣等措施, 都可使歐洲共同體各國有更緊密的互動關係。

同樣地, 美國、加拿大與墨西哥之間所締結的「北美自由貿易協定」(North American Free-Trade Agreement), 是另一個區域經濟合作的例子。

在亞洲地區, 為了防止這種「區域性經濟圈」形成後, 對區域外國家可能產生的排斥與經濟的不利影響, 以日本為首的亞洲數國也頗熱衷於成立類似的合作組織。「亞太經濟合作會議」(Asia-Pacific Economic Cooperation, 簡稱 APEC) 成立於一九八九年, 成員包括臺灣、日本、香港、澳洲等十餘國, 其目標是在西元二○二○年之前完成區域內貿易投資自由化, 進行區域內全面的經濟交流整合。

這些區域經濟合作組織的成立, 對於結盟國家的內部有很大的好處, 因為它們的市場擴大, 而且各國的勞力、資本可以互相流通, 技術也可以支援交換, 使得每個國家的可用資源加多, 特別是需要生產規模及技術的大企業, 更可因而加速擴張。但對結盟國以外的國家, 這種結盟是利是弊, 尚有待觀察。如果整個合作組織的國家都集體行動, 排斥同盟以外的國家, 其他國家將難以進入這個市場, 則「無國境經濟」的貿易自由化的理想, 將會受挫; 但如果同盟採取比較自由開放的政策, 則因經濟圈的生產效率提高與市場規模的擴充, 將有助於國際經濟的繁榮。

四 經濟成長的代價

　　快速的經濟發展，有助於人類物質生活條件的改善，但另一方面，我們也付出了極大的代價。因為在世界經濟邁向全球化的同時，環境污染問題亦跨越了國境，成為蔓延全球的毒瘤。工業化所帶來的空氣污染，嚴重侵害人們的健康；臭氧層的破壞，造成了溫室效應，使地球氣候反常；酸雨問題持續惡化，造成各地湖泊魚群死亡。這些環保問題，為人類美好的生活品質蒙上了巨大的陰影。而且令人擔憂的是，這些問題的解決，十分困難。因為空氣、臭氧層、湖泊與海洋資源等，都是「共同資源」(common-property resources)，由社會眾人、世界各國所共同擁有，法律上難以明確劃分所有權的歸屬，所以它們實質上與「無主物」無異，使用時無須付費，污染時也難以釐清責任，所以容易造成個人和國家過度使用、不愛護這些資源的現象。

　　除了環境污染的負面作用之外，社會財富分配不均，也是各國追求經濟成長時常會付出的代價。在經濟發展的過程中，如果一國政府完全採取自由放任的態度，不以累進稅制或社會福利措施，進行適當的所得重分配，很有可能社會財富的分配會過度集中，造成貧富懸殊的兩極化現象。而我們認為，經濟發展如果只使少數人的所得大量提高，生活獲得顯著改善，但其他大多數人們的生活水準仍然遙遙落後，經濟發展便失去了它的意義。更何況，貧富差距的持續擴大，往往是社會動盪不安的根源；社會動盪不安，經濟成長很快就會化為泡影。國際間亦是如此，窮國與富國的分野，涇渭分明，世界上還有許多國家的人民，沒有基本生活物質的消費能力，

在這些地區，窮困是無法擺脫的夢魘。但在其他國家，令人目眩神迷的各種消費品琳琅滿目，甚至還有肥胖症等所謂文明病的存在。窮國與富國二者，呈現極端的對比；窮人與富人的生活尊嚴，並沒有獲得同等的保障。

這些環境污染、所得分配不均等現象，就是「市場失靈」(market failure) 的例子。市場失靈的發生，意謂著在市場交易自由運作時，因為某些原因，價格機能那一隻無形的手，並不能如所預期地達成經濟效率的情形。這主要的原因是因為環境資源（如空氣、河川）屬於共同資源，是無主物，因此市場自由運作的結果，人人可免費使用，自然容易造成濫用與污染。至於所得分配的公平正義問題，和經濟效率是兩個不同的層面，自由經濟市場根本不考慮、不處理這個問題，自由經濟市場所關心的是經濟效率，它鼓勵每個人自由地去創業、去追求利潤、去消費，至於其結果是成功、是失敗，是富有、是窮困，是市場機能無力控制或也無力更改的。

因此，崇尚自由經濟者，固然重視市場機能的「無形之手」，但也不排斥政府伸出「有形之手」，對於屬於市場失靈之類的現象，運用公權力予以改善，以濟市場機能之不足。尤其是跨越國界的環保問題，更須全世界每個國家，不分貧國富國，齊心齊力，共同擬出對策，切實履行，才有可能使地球上有限的環境資源，繼續為現在與未來的人類服務。

研究&討論

一、比較「資本主義經濟」與「共產主義經濟」的特徵與優劣。

二、臺灣地區的經濟體系屬於「混合式經濟」，你認為它比較偏向資本主義經濟還是共產主義經濟？為什麼？

三、敘述「價格機能」在自由市場經濟中所發揮的功能。

四、完全競爭、獨占、寡占與獨占性競爭等四種市場型態中的廠商，是否都具有影響市場價格的力量？

五、有些經濟學者認為，人們不必羞於承認「自私自利」，因為自私自利對社會有害也有利，而且往往是利大於害。你同意這種說法嗎？

六、我們常以「國民所得」的高低來衡量全體社會的生產成果，此一數據能否正確反映國民經濟福祉的大小？

七、何謂貨幣政策、財政政策？試由認知、決策、執行與效驗四項延遲的觀點，比較二者的優劣。

八、「教育」和「儲蓄」對於一國之經濟發展有何影響？

九、「區域經濟合作」的世界潮流對於國際經濟的發展有何影響？

十、臺灣在參與區域經濟合作的努力上，有何成就？

參考書目

高希均 (1991)，《經濟學的世界》，修訂版，臺北：天下。

張清溪、許嘉棟、劉鶯釗、吳聰敏 (1991)，《經濟學──理論與實際》，二版，作者自印。

第六章　人類生態與世界和平

▶第一節　生態保育與公害防治◀

李永展

一、全球生態及環境問題

　　地球生病了！病歷表中是一個個驚人的數字，而一個個會說話的數字說明人類由於講求方便、精緻、技巧及時效，而發展出奢侈的生活型態，破壞了生態環境，浪費了能源資源，並且製造了污染。

　　全球生態及環境問題，大多是人類自己所造成的，全球生態環境如果持續惡劣下去，可能在不久的將來，河裡連魚蝦都沒得釣！以下列舉六項較嚴重的全球生態環境問題。

(一)海洋問題

　　首先，我們來看看海洋的問題。海洋占地球面積的百分之七十，提供人類四項基本需求：食物、鹽、礦藏、休閒，人類對海洋的依賴是非常深的；相對地，人類生活也對海洋造成了污染，如：工業、農業、都市等都是海洋的污染源。

(二)土地沙漠化現象

　　另外，土地的沙漠化也是全球的共同危機，因為氣候變遷，使用土地不慎而造成土地沙漠化。以中國大陸土地沙漠化之面積而言，已大過可耕面積的總和，其嚴重性可知。而且土地沙漠化所帶來的後果，又變成了全世界必須負擔的苦果。

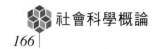
㈢熱帶雨林的消失

　　大家最熟悉的，大概要算熱帶雨林的消失。熱帶雨林對於人類而言，可說蘊涵了豐富的生命現象，熱帶雨林雖然只涵蓋全球表面的百分之六，但卻涵養了地球上所有物種的半數以上，並且執行了全球很重要的光合作用。自從一九四五年以來全世界超過百分之四十的熱帶雨林被破壞，所造成的結果是估計每天至少有五十種以上的物種從地球上消失。在一九八〇年代，熱帶雨林的消失現象更加惡化，每年有七百三十萬公頃的熱帶雨林被開墾作為農業使用，另外每年有四百四十萬公頃作為木材使用。一九八〇年至一九九〇年之間開發中國家至少有一百萬平方公里的森林被破壞，以臺灣三萬六千平方公里而言，也就是說每年消失的森林面積有二點七個臺灣大；照這個速度下去，大約在一百七十年之內，全地球的熱帶雨林便會消失殆盡。

㈣溫室效應

　　再者，談及溫室效應。大氣表面自然的折射能平衡、調節地表的溫度，但由於人類大量燃燒煤、石油、天然氣等產生工業廢氣，以致改變了大氣原有的調節功能，而太陽的熱能也被吸收、捕捉，而形成地表溫度不斷上升的現象。全球增溫的結果，到了西元二〇三〇年，地球的風勢、雨量將改變，而海平面也將不斷上升，屆時一些低地國家（像孟加拉）將會被水淹沒。

㈤臭氧層破壞

　　臭氧層的破壞，也威脅著我們。臭氧層具有抵制紫外線的作用，一旦遭破壞，對人類的影響就非常大，例如：對人類而言，造成免疫系統改變，得皮膚癌的機率增大、白內障增加；對植物而言，過

多的紫外線，造成植物生長遲緩等問題。根據美國太空總署的調查，南極臭氧層的破壞愈來愈嚴重，預測在二○八五年以前若無妥善的對策，臭氧層將減少為目前的一半。

㈥野生動植物瀕臨絕種

一方面由於快速地開發和狩獵行為，導致野生動植物日漸減少，甚至瀕臨絕種。而人類卻常常為了一些私慾獵殺野生動物，諸如此類的行為，在在加速了野生動植物的絕種。二十世紀初，大約每年有一種生物絕種，但是以一九七五年到二○○○年估計，每天平均即有一百零九種生物絕種，其速度實在是相當驚人。

二、臺灣的生態環境問題

除了上述全球生態環境問題之外，臺灣本身也面臨了一些嚴重的生態環境問題。臺灣東部多高山，而平原及盆地則分布在西部地區，大約三分之二的面積為山地，中央山脈縱貫臺灣島，陡峭的山坡地由東入海，西部地區則散布著蜿蜒的溪河及沖積的三角洲、平原。

臺灣本島內陸地區地勢陡峭，大量的降雨及脆弱的沈積岩往往造成嚴重的沖蝕現象。隨之而起的便是幾乎出現在各水庫的淤積問題，不僅縮短水庫的使用壽命而損及水庫開發的經濟效益，同時也可能在水庫兩側山坡地造成土壤淨流失及農林生產力的降低。

最近幾年來，臺灣地區生態環境品質日趨低落，主要由於人口快速成長、產業密集發展及經濟科技掛帥等因素，導致資源過度利用、廢棄物過量堆積、環境自淨能力不勝負荷。以下列舉目前臺灣地區較嚴重的環境及生態問題。

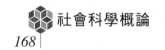
㈠**水資源的浪費**

　　一個四口人的家庭每星期大約要使用三千五百公升的水，其中有三分之一是用在沖馬桶上。另外，如果不小心忘了關水龍頭，讓水一直流個不停，一個小時就可以流掉九百一十公升的水，是一個人一年也喝不完的量。即使每分鐘只滴一滴水，一個月就得多花五十公升的水費。

㈡**土壤污染──重金屬污染**

　　土壤由於人類的活動，其生態體系受到外來物質、生物或能量的介入，而使其良好的物理性、化學性及生物特性遭受破壞而減低或失去正常之功能，稱之為土壤污染。以重金屬的污染為例，土壤污染的認定可由兩個方向來著眼。重金屬在土壤中含量過高時，可使土壤中的動植物及微生物的生長受到抑制，土壤肥沃力無法發揮，作物受到重金屬的毒害而導致產量減少或死亡，此時可認為此土壤已遭污染。另外一種情形則是土壤中含有過高的重金屬，但植物仍能生長，重金屬經農作物的吸收進入作物體內，使得農產品中重金屬含量過高，人畜食用之後引起中毒及各種疾病，這時也可以說土壤已經受到污染。

㈢**森林資源的濫墾**

　　森林具有涵養水源、保持水土及淨化大氣的功能，因而有「綠色水庫」之稱。但是大量砍伐森林的結果使臺灣水資源不但得不到保護，並使水災頻傳，釀成無可計數的損失。森林砍伐後，也使表土流失，改變臺灣山脈土壤的性質及營養的循環。

　　森林因為製紙、闢建高爾夫球場及其他遊樂設施、房舍和農牧場，以及各種木質傢俱材料等所需，而遭受大量的砍伐，例如，我

們每天收到許多廣告傳單，製造這些傳單，平均一年要砍掉一千萬棵樹；一年要用一億多棵樹的木材來製造報紙、衛生紙、紙盒等所需的紙張和硬紙板。

(四)空氣污染

車輛及工廠的增加導致空氣污染日益嚴重，而空氣污染最終將影響到居民的健康以及經濟的生產力，也會造成農林產量的損失。

另一方面，大氣中的二氧化硫和一氧化氮，在強光照射下，經由一系列的化學變化形成硫酸及硝酸，最後成為硫酸鹽及硝酸鹽，再和水氣結合而形成酸雨。由於酸雨會危害陸地及水生生態系統，同時影響範圍又相當廣泛，因此酸雨成為最先被辨識為跨國界污染的問題之一。隨著工業發展，能源消耗量的不斷增加，酸雨對生態環境的危害將日趨嚴重。

根據行政院環境保護署的統計，臺灣地區大約有百分之七十的地區出現了酸雨，其對土地利用、農漁業、景觀遊憩、建築物等的影響值得吾人重視和做進一步的研究。

(五)水污染

水污染是指排入水體的污染物超過水體自淨能力而使水質惡化的現象。過去十年來曾在臺灣經濟發展中占重要一環的中小企業，由於快速的擴張，已逐步污染了臺灣的主要河川、河口以及近海環境。這種污染不僅危及養殖事業，同時也可能污染民生及工業用水。

根據行政院環境保護署的統計，一九九三年底臺灣地區二十一條主要河川中有百分之三十八點二的河流受到污染，其中百分之十四點四受到嚴重污染，百分之十點九為中度污染，百分之十二點九屬輕度污染。主要河流中淡水河百分之百受到中度及嚴重的污染，

而北港溪則有百分之七十五點二受到嚴重污染。河川水質惡化，會嚴重污染灌溉水源，使得農作物「中毒」，如彰化縣和美鎮的「鎘米」事件。此外，因河川污染嚴重，也使水中生物的生存遭受威脅，甚至使水域生態大為改變，許多珍貴的本地魚種，已不復出現在河川中。

㈥廢棄物污染

垃圾（廢棄物）是各種污染問題中最容易為人察覺的。根據行政院環保署八十一年度的統計，臺灣省每人每年製造四百零一點五公斤垃圾，平均一天丟棄一點零九公斤；臺北市每人全年垃圾量四百七十四點五公斤，而高雄市每人全年製造四百零一點五公斤垃圾，都市人口每天的垃圾量都超過一公斤了。其中每人一年要用掉十五個寶特瓶、五十個鐵罐、五十個鋁罐、五十個鋁箔包，一年中各產生十億只的量，分別連接起來，可以排出三條比臺灣到月球距離還遠的平行線！一個家庭則每年平均要丟棄約三百公斤的廢紙，這是六棵樹才能製造出來的量，另外還加上五百個以上的瓶瓶罐罐，其重量約包含四十七公斤的塑膠、三十二公斤的金屬及七十四公斤的玻璃。

㈦引進外來物種的生態平衡問題

在原本平衡的生態環境中，引進外來的強勢物種，若無適當天敵加以抑制，此物種可能在「物競天擇」的競爭中消滅或取代原有之物種，而破壞生態環境的平衡。近年引進福壽螺即為一可怕的例子，商人基於短視的經濟觀點自國外引進，卻又不慎使之流入本地之溪河、農田。這些福壽螺缺乏天敵與之抗衡，一時之間在臺灣各地溪河、農田大量繁殖，嚴重影響農產收成，造成嚴重的農業公害。

㈧農藥及化學肥料過量使用

人們為了消除雜草、防治病蟲害，及提高土壤生產力，在農業生產上大量使用農藥及化學肥料。長期大量的使用，不僅污染環境，而且將降低土壤的生產力，對農業生產不利。臺灣使用的農藥種類已超過三百七十五種，每單位面積使用量高達世界之冠。多年來的使用與累積已使臺灣處處殘留著濃度不等的農藥。

以 DDT 為例，政府雖已禁止使用 DDT，但由於它是易於擴散的化學物質，即便是遠離使用地點的南極，在企鵝等動物體也發現殘留的 DDT，足見 DDT 已進入全球性的生物循環。

三 綠色實踐家——如何從事生態保育與公害防治

地球環境問題一天天的嚴重，究其原因，是人類所造成的。因為人類經濟活動發展蓬勃，無形中破壞了大自然原本的再生能力，以至於環保變成人類所面臨的重大課題。

在做環保工作時，首先最重要的是，大家要有一個觀念——「永續發展」。而在「永續利用」的前提，要減低或改善人類對環境的不良影響，我們可以做的有五點：

1.放棄「飽食主義」，追求最適當的生理需求水準。

2.生態保育、公害防治與生活水準的理想並存。

3.提高資源及能源的使用效率。

4.開發替代性的新資源、新能源。

5.突破空間障礙，超過國界，以全球觀點來處理。

或許，我們談全球生態及環境問題，離切身太遠，但我們談到臺灣的生態保育與公害防治，最重要的就是關心環境、愛護環境，

這樣我們生存的空間自然能改善。

在此，我們要來談談「永續利用」的觀念，因為這已是全球人類最重視的一個觀點。所謂「永續利用」，就是從「永續發展」延伸而來，「永續發展」的定義是：「在不損及下一代的需求下，可以滿足這一代需要的發展。」像歐美先進國家就明顯地意識到這個涉及環境與開發之間衝突的問題；而為了永續的開發、經營，「永續利用」的觀念便被執行。這點值得我們深思，尤其值得我們將這個觀念推行到生活中，一方面提高生活品質，一方面也做到了環保。

在家庭、學校中，我們如何過環保生活呢？

(一)家庭生活

1.掌握「綠色消費」的原則：

也就是說，我們在購買東西時，需掌握生態、經濟跟再利用的原則，除了商品本身的功效外，還要考慮商品本身的包裝及原料取得，是否會造成生態環境的污染及破壞。

比如說：原料取得上，要買永續利用的產品，像羊毛就比毛皮好；在運輸上，要考慮能源消耗的多寡，像搭乘大眾交通工具就比自己開車符合節省能源的需求；在販賣上，精緻包裝往往成為過度包裝，製造垃圾，所以要有簡單包裝才是美的觀念；在使用上，要買耐久、安全、健康的產品，不要買用了就丟的產品；在廢棄物處理上，能自然分解最好，至少要有廢物利用的觀念，多想想各器物的用途。

以上這些都是「綠色消費」的觀念，有了觀念我們該如何做呢？

(1)選用玻璃容器。

(2)選用再生衛生紙。

(3)選用再生紙。

(4)選用可再充電的電池。

(5)拒用保麗龍餐具。

(6)拒用鋁箔包。

(7)自備購物袋，拒用塑膠袋，少用紙袋。

(8)拒購塑膠包裝及過度包裝用品。

(9)少用殺蟲劑。

　2.談及家庭資源的利用，我們可以做的有：

(1)多使用再生紙。

(2)廢紙回收、分類，拒收廣告郵件。

(3)多用可再利用的產品，例如用手巾代替紙巾，以石墨填充筆
　心的文具。

　3.在飲食方面可以注意的有：

(1)少用塑膠袋、少包裝。

(2)慎防農藥及食品添加物。

(3)慎用清潔劑。

(4)少吃肉類，多食蔬菜，排除體內重金屬；節約環保能源。

(5)使用安全容器。避免廚餘產生，力行節約，以免造成垃圾處
理難題。

㈡學校方面

　在學校方面，環保也日漸受重視，以下分幾個方面來探討：

　1.噪音問題其實困擾著許多學生；而下課時間，同學也製造噪
音，能怎麼改善呢？

(1)擴音器音量應適當。

⑵設置隔音牆或種植隔音樹。

⑶栽種植物、盆栽有吸音效果。

⑷教學區或活動區分開以減少噪音。

⑸閱覽室應維持輕聲細語。

2. 實驗室的環保也很重要：

⑴實驗室廢棄物減量，以無毒物品代替有毒物品。

⑵如何減少實驗室的廢棄物，例如：妥善管理實驗材料以免浪費。

⑶廢液的分類貯存與處理。

⑷固體廢棄物處理，不可與一般垃圾相混。

⑸廢氣處理。

3. 垃圾部分：

⑴垃圾減量。

⑵垃圾分類，尤其是有害垃圾的處理，像：碎玻璃、電池、藥品等要非常小心。

⑶垃圾處理。

4. 資源部分，可以做到的有：

⑴影印使用再生紙，雙面影印。

⑵舊信封可重複使用。

⑶廢報紙、廢紙可進行資源回收。

⑷以毛巾及手帕代替面紙。

⑸多使用再生紙製文具、書籍。

⑹盡量用可換筆芯的自動鉛筆、原子筆，或可填充墨水的鋼筆。

⑺聯合全校師生，要求學校的自助餐廳使用高溫滅菌的不鏽鋼

盤，便當則要求一定要用紙盒。

　　總之，地球生態環境問題是由人類所造成的，所以要拯救我們生活的環境，就必須回到「我」的原點。作為地球村的一分子，每個人都應擔負大環境的責任，讓環境資源生生不息、永續利用，也讓子孫有美好的生活空間。所以，讓我們互相勉勵，一起來做個實踐環保的行動者。

▶第二節　人口、糧食與資源開發◀

陳淑美

一人口成長

　　人口學 (demography) 根據其研究的內容可大分為兩類：第一類為「形式人口學」(formal demography)，主要研究人口的出生、死亡和遷移，以及這些因素如何影響人口的數量、組成與分布，亦稱為「人口統計分析」(demographic analysis)。第二類為「社會人口學」(social demography)，這是以其他學科（例如社會、經濟、政治、生物、醫學、衛生、心理、地理等）的觀點來研究人口與這些學科間的配合關係，由此發現不合理的人口現象與人口問題，亦稱為「人口研究」(population studies)。

　　社會是由人所組成的，因此人口現象（數量、組成與分布等）的變遷對人類的社會生活息息相關，而所有的人口現象又都受人口出生、死亡與遷移等因素所影響。地球上的人類自有歷史以來到大約西元前八千年開始發明農業時，期間的人口成長速度相當緩慢，

當時全球的總人口數大約只有八百萬人，到西元元年時約增加至三億人口，直到西元一六五○年代才增至五億人，自此由於產業革命的影響及醫藥衛生的改善，歐美已開發國家的死亡率開始迅速下降，導致其人口數量快速成長，經過二百年後（一八五○年），全球人口已加倍為十億人，再經過八十年（一九三○年）第二次加倍達二十億人，到第三次加倍為四十億人時，時間只經過四十六年（一九七六年）而已（參見圖一）；全世界人口加倍所需的年數越來越短，人口成長的速度越來越快。更嚴重的是，已開發國家的人口快速成長現象至第一次世界大戰後已因生育率下降而逐漸減緩，但落後的開發中國家則自西元一九二○年代開始，引進進步國家的醫藥、衛生技術，使得死亡率快速下降，但生育率仍維持極高水準，導致其人口數量快速暴漲，至一九五○年代後，幾何成長的效果，導致開發中國家的人口總數如滾雪球般越滾越大，引致已開發國家開始正視全球人口壓力的問題。一九九四年全球人口總數已達五十六億之多，其中已開發國家的人數只占四分之一弱，其餘四分之三強則屬於開發中國家的人口；全球人口的自然增加率（粗出生率－粗死亡率）為百分之一點六，若只看已開發國家的自然增加率，僅為百分之零點三（其中有些國家如：德國、烏克蘭甚至已呈負成長），然而開發中國家則為百分之一點九（若不包括目前正實施一胎化政策的中國大陸，甚至高達百分之二點二）。若以目前全球人口每年增加百分之一點六的速度估計，到西元二○三八年時全球人口就將加倍成為一百一十二億人口（人口加倍年數的速算法為：七十除以當年年增率的百分點。此例為：$70 / 1.6 \doteqdot 44$），而其中大部分的增加屬於開發中國家的傑作。

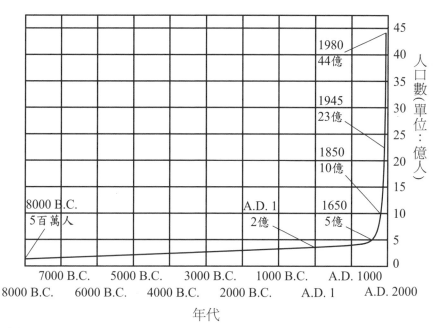

資料來源：The New York Times Company.

圖 6-1　世界人口成長，自紀元前八千年至一九八〇年

　　臺灣地區在日本統治期以前，由於死亡率相當高，因此人口成長速度並不快，約僅維持在三百多萬人，後因日本統治者致力推行防治疫病流行的公共衛生行政措施成效卓著，使得臺灣地區的死亡率自西元一九二〇年開始長期下跌，其中尤以嬰幼兒死亡率的下跌占大部分，然而因出生率並未同步下跌，因此導致人口數量快速成長，至一九五一年時已增至七百九十萬人，此年開始粗出生率逐年下降（一九五一年時粗出生率為千分之五十），配合政府於西元一九六四年正式全面推行家庭計劃方案，導致粗出生率更加速下跌。然而根據「人口成長動量」的特性，前代大量存活下來的嬰兒持續長大進入生育期，雖然出生率比以前降低，但所生出的嬰兒絕對數量仍然相當龐大，因此在經過短短的二十三年（一九七四年）間，人

口已加倍為一千五百八十萬人。一九九三年臺灣地區的粗出生率（當年每千人所出生的嬰兒數）已降至千分之十五點六，粗死亡率（當年每千人所死亡的人數）為千分之五點三二，合計自然年增加率為千分之十點二八，已比全世界的千分之十六還要低；未來臺灣的人口成長速度仍有持續下降的趨勢，如此雖可紓緩人口過度膨脹的問題，但卻又開始面對人口逐漸老化的難題。根據聯合國的定義，一個社會或國家中六十五歲以上人口占全體人口數百分之七以上即可稱之為「老人社會」或「老人國」，臺灣地區在西元一九九三年時六十五歲以上老人占全國人口的比重已增至百分之六點九，若無意外將在次年正式進入「老人國之列」。為了避免未來子孫對老年人口的扶養負擔越來越重，我國內政部人口政策委員會已於西元一九九二年十月將我國的人口政策方向略作修正，其人口成長目標由原先的「緩和人口成長」修改為「維持人口合理成長」，以促使生育率作「適度的」回升，但這並非鼓勵民眾生育，而是著重於「有偶率的提高」，既有的「兩個孩子恰恰好」政策並未改變。

為了解決人口老化的困境而適度回升生育率，但又不願人口過度膨脹，這是目前多數已開發國家所面臨的共同問題，其癥結當然是因為人口過多將相對消耗過多的糧食與資源；糧食雖可反覆再生產，但畢竟需依賴有限的土地資源，而其他無法再生的資源（例如：金屬礦產、石油等）更有「終被耗盡的一天」之虞，因此「適度控制人口成長速度」應是當今全球各國人口政策主事者一致共識的原則。

二 人口與糧食問題

　　十八世紀末著名的人口學者——馬爾薩斯 (Thomas R. Malthus)
在其〈人口論〉一文中曾提出一項舉世聞名的論證：糧食的生產是
以算術級數增加，人口的成長則以幾何級數增加，若漫無限制地任
由人口快速成長，將會發生人口過剩、糧食不足的現象，因此人口
數的增加終有到達生存極限的地步，此時人類的生活水準必然普遍
低落，終將導致貧困、飢餓、犯罪與戰爭的結局。此一論點正是目
前廣被引為批判人口眾多的未開發國家未善盡節育之責的理論基
礎。

　　糧食是人類生存不可或缺的要素之一，值此全球人口快速成長
之際，欲提高糧食供應量可從兩個方向著手：一是增加耕作面積，
二是提高單位耕地的產量。關於前者，根據統計，全球適合耕種的
良質土僅占地球土地面積的百分之十一，且大部分都已被人類開發
利用。西元一八六〇年時，估計全球被開墾的耕地僅有五點七二億
公頃，往後由於人口成長的壓力，促使人類積極開發可耕地，至西
元一九八四年時全球的已開墾地已增至十四點一四億公頃，其餘未
被開墾的土地不是太濕、太冷、太乾、太淺，就是酸鹼度不適合；
換言之，地球上可資利用的土地可說已被開發殆盡。然而除了有限
供給的天然限制之外，人口快速成長促使人口快速集中，都市化的
結果又造成人類與作物爭搶土地，以美國為例：目前約占四千萬英
畝的都市地中有一半是來自農地，並估計目前的農地正以每年流失
三百萬英畝的速度轉為都市用地中。這對於糧食供應的危機而言無
異是雪上加霜。至於後者（提高單位耕地產量），自西元一九四三年

墨西哥政府接受洛克菲勒基金會的協助研究開發出高產量品種
(HYV)，並將之推廣至其他開發中國家（後來稱之為綠色革命）之
後，馬爾薩斯的論點開始受到質疑，樂觀派者認為科技的發展應是
無止境的，「需求」可以促進科技發展，因此憂慮糧食危機無異是杞
人憂天。

然而此派學者忽略了「綠色革命」的另一特性，那就是「高昂
的成本代價」；說得更具體一點，綠色革命所研發出來的品種與其說
是「高產量品種」，還不如稱之為「高反映品種」要恰當些，換句話
說，這些新品種必須配合大量高成本的化學肥料、灌溉設施良好的
水源等才能反映出高產量的收成；而新品種的基因又因同質性高，
對病害、蟲害的抵抗力較弱，一旦遇到侵襲，損失往往極為慘重；
此外大量種植同一品種的結果，必然也要面對氣候巨變時無法分散
風險的鉅額虧損；這些種種的限制，使得許多貧窮的小農或落後國
家的農業沒有能力因「綠色革命」而蒙獲其利。因此嚴格說起來，
地球的糧食危機仍然存在，適度的控制人口過度膨脹，仍應視為當
今全球各國共同的人口政策目標之一。

除了上述糧食生產速度有趕不上人口成長速度之虞外，另一個
威脅全球大部分人類溫飽的問題也不容忽視，那就是：「全球糧食生
產秩序不當、糧食分配不均」的問題。根據「依賴理論」的說法，
目前全球的經濟體系可視為一個整體，並可大分為兩個部分，一部
分為處於核心優勢地位的已開發國家，另一部分為處於邊陲受支配
地位的開發中國家，在當今全球一體的經濟市場中，已開發國家往
往為了維護自身的生存或利益而利用其政治、經濟及軍事等強權優
勢，剝削邊陲國家的生產資源，並主導其消費市場，導致後者全面

性的落後發展。

　　就糧食方面來說，有些已開發國家本身既為農產品的大宗輸出國，亦同時為農產品的大宗輸入國（例如美國），由於其農產品的輸出及輸入量均占全球主導地位，因此這些國家的糧食進出口政策對全球糧食供需的平衡必然具有舉足輕重的影響力。當其國內糧食生產過剩時，為了不讓國內糧價慘跌，往往假借救助饑荒之名將過剩的糧食「以低價傾銷」到饑荒國（而不是透過正常的市場經濟機能銷售到其他富裕國家，意即富裕國家仍需以高價向其購買糧食），造成饑荒國本身農民生產的作物成本比售價還高，農民只好被迫放棄農事生產，終於導致其農業被拖垮。此外，有些已開發國家為了節省生產成本，常利用一些地理位置適合種植附加價值高之經濟作物（例如：煙草、咖啡、蘆筍等）的國家，以「合約農場」的合作方式誘騙貧窮國家放棄生產自己的主糧而改種經濟作物，然而在合作條件受制他國的情況下，往往導致外匯收入不足以購買足夠的主糧充飢，終至鬧饑荒的結局。如果這些貧窮國家有權決定不賺取那些強權國家的經濟作物外匯，而將土地留作生產主糧食之用的話，即使產量不足，也將不至於悽慘到「糧食供需」受制於人的地步。因此鞏固基本的「糧食安全」已是各國不可忽視的基本政策之一。

　　目前美國為了平衡其自一九七〇年代中期以來逐年擴大的國際貿易赤字，並同時解決其國內農產品過剩的困擾，正致力推動世界農產品貿易自由化，要求世界各國本於「比較利益原則」開放農產品市場，消除各種關稅及非關稅障礙，取消扭曲農產品貿易自由化的任何農業補貼與價格支持政策，以利其推銷國內生產過剩的農產品，身為亞洲四小龍之一的臺灣，首當其衝正面臨開放農業市場的

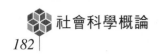
巨大壓力，未來臺灣農業的命運坎坷已可預見。

三 人口與資源開發問題

一九七二年羅馬俱樂部 (Club of Rome) 著名的研究《成長的極限》(*Limits of Growth*, 1972, 1974) 一書曾提及目前全世界的人口數眾多，且正以驚人的速度消耗地球有限的資源，到西元二一〇〇年時地球資源將被消耗殆盡，導致世界經濟崩潰，從此世界人口數將垂直下降。作者並以電腦程式模擬計算人口成長與各種資源開發的途徑，企圖探究地球最佳的人口數量為何，雖然他們聲稱無法完全掌握真實世界的情況，也無意預測未來人類的命運，但他們的研究讓世人警覺到世界最佳的人口數量不能超過目前已有的數量。

大體而言，地球上的自然資源可分為兩類，一類為可再生的資源，另一類為無法再生的資源。前者雖然可以再生，但前提是要有足夠的時間才能恢復原貌，例如：過度放牧的草原需要一年、過度撈捕的魚資源需要五年、過度砍伐的森林需要二十到一百年、地表養分需要數百年的時間等，才得以自行補充恢復。而無法再生的資源，包括石油、煤及各種金屬礦產等，又是目前工業化時期大量需求的資源，尤其是近半世紀以來其消耗的速度遠比人口增加的速度快。據估計，全球所使用的能源中有百分之九十二來自於石化燃料（即：石油、煤、天然氣），目前全球一年所使用掉的石化燃料約需大自然花一百萬年才能生產出來。若以目前的消費水準並假設人口沒有增加，則現存可使用的石油供應將在四十年內用罄，天然氣約可維持六十年，煤則可維持數百年。由於人口數量與能源消耗成正比是無庸置疑的事實，因此除了提醒世人節約能源並積極開發高效

率能源使用技術或替代品外，減緩人口成長亦不失為解決未來能源危機之道。

　　然而，同樣不容我們忽視的另一大隱憂是「資源分配不均」的問題。由於工業化與經濟發展的結果，使得已開發國家有能力追求高級的生活品質，雖然他們的人口數僅占全球四分之一弱，但卻消費了約占全球四分之三的天然物質及能源，製造了四分之三的固體廢棄物，及百分之五十五的廢氣體。表 6-1 顯示已開發國家平均每人的消費水準遠高於開發中國家，比起進步國家而言，落後國家的人民幾乎「沒有能力」消耗資源，因此我們應該認清一項事實，那就是：即使現在讓那些人口正快速成長的低開發國家立刻在這個地球上消失無蹤，地球的資源危機依然存在，並仍將以驚人的速度邁向無可彌補的惡化結局。雖然「全球人口過剩」對資源危機仍難辭其咎，但如果只一味要求開發中國家減緩人口成長壓力，而不節制已開發國家的過度濫用資源，恐怕地球資源終仍有被耗盡的一天。

表 6-1　已開發國家與開發中國家平均每人的消費水準和污染量

項　　目	年　　度	平均每人的消費水準／污染量	
		已開發國家	開發中國家
消費			
商業能源的消費 　（與一公斤的煤等值）	1989	4,000–10,200	240–3,000
食物消費（卡路里／天）	1980–1982	3,395	2,389
紙張（公斤／年）	1980–1982	123	8
鋼鐵（公斤／年）	1980–1982	455	43
其他物資（公斤／年）	1980–1982	26	2
污染			
城市的廢棄物 　（公斤／年）	1985	210–760	170–200
使用能源所排放的二氧 化碳（公噸）	1989	5–20	0.1–5.0

▶第三節　國際合作與文化交流◀

楊逢泰

　　國際之間是否能真誠合作？自十五世紀到當代為止，依然是一個嚴肅的問題：義大利中世紀，城邦林立，互相衝突，馬基維里 (N. Machiavelli) 憧憬於義大利的統一，認為達到此項目標唯一的途徑，需要一位雄才大略具有外交手腕的君王擊敗群雄，建立至高無上的權威。他以在佛羅倫斯 (Florence) 外交界擔任要職的經驗，撰寫《君王論》(*The Prince*) 一書，深信在國際政治中唯有遵循冷酷無情和非道德的途徑才能成功。政治才能最高目標是在維持國家 (state) 的生

存。因此為了「達成國家目的可以不擇手段」(The ends of the state justify means)，姑且不論這些手段是「道德的」(moral) 或「非道德的」(immoral)，在《君王論》中，馬基維里提出了十個警句：

一、「良好」的君主（即政治家）必須避免受到鄙視和憎恨。

二、國家和其君主最好的堡壘是人民的愛戴。

三、被畏懼比被愛戴更為安全，但最好是同時被畏懼和受到愛戴。

四、「良好」的君主應該摒棄沒收別人的財產，因為人們較為容易忘記父親的死亡，而不容易忘記失去的世襲財產。

五、信任自己的權力比信任他人的善意更佳。

六、制定良好的法律並以良好的武力支持這些法律。

七、法律是人的行為方式，而武力是野獸的行為方式，可是你不能僅僅依賴法律。

八、模仿狐狸和獅子，狐狸是機警而狡猾，獅子是強壯和勇猛。假使你必須作二者之一，那麼作狐狸比較妥善。

九、不要信任傭兵。

十、務必謹慎，謹慎是知道困難的性質而採取為害最少的能力。

馬基維里的見解引起了國際政治是否有道德的問題，國際政治的權威莫根索 (Hans J. Morgenthan) 指出：歐洲國家為了維持「權力平衡」(balance of power) 經常改變同盟，是「超越道德」(amoral)，而並不是「非道德的」。哥崙布斯 (Theordore A. Couloumbis) 和伍爾夫 (James H. Wolfe) 在合著的《國際關係入門：權力和正義》(*Introduction to International Relations: Power and Justice*) 一書中亦認為「國際關係」是「超越道德」而且強調「彈性」(flexibility)，他

們說:

> 幾世紀來，馬基維里的「彈性」和「超越道德」的看法是
> 政治家的特性，政治家必須是實際的而非理想主義；必須
> 保持隱密和彈性……他們必須瞭解和接受「武力」(force) 是
> 歷史基本要素的觀念。

　　如果國際政治是「超越道德」的，與道德無關，政治人物可以
做道德和非道德的事，如果有這種「彈性」，則整個世界將永無寧日，
只有國際衝突而無國際合作可言，馬基維里的政治觀點主要淵源於
對人性完全懷疑的態度，因此吾人最後的答案必須訴諸於人性。究
竟「人」是「野獸」，抑是「安琪兒」(angel)？眾所皆知德意志哲學
家康德 (I. Kant) 著名的告誡：滿天星斗在上而心坎深處有道德律在
焉。英國學者約翰米勒 (John S. Mill) 認為：個人自由在於人類內在
的尊嚴，對人類最後的公正明達，從經驗學習的能力以及人類精神
成長的能力表示無限信心。柯奇 (Baison D. Gooch) 認為：權力的意
志並非瞭解人性的唯一鑰匙。真理的核心是：「誠實是最好的政策」
(Honesty is the best policy)，運用《君王論》中的權謀術數可能達成
暫時的勝利，但不能提供持久的幸福、繁榮和國家安全的真正基礎。
　　美國民族主義學者郝茲 (John H. Herz) 於一九五七年發表〈領土
國家的興起和消逝〉(Rise and Demise of the Territorial State) 一文，
認為：在核子時代，由於科技的發展，民族國家行將消逝，取而代
之的唯有全球性的「普遍主義」(universalism)。人類視其本身為一
個大單位才能解決安全問題，可是十年後，郝茲教授有鑑於一九六
〇年代國際政治的發展，重新考慮前述主題時，自認失之輕率，因

此發表〈領土國家再檢討：民族國家前途的感想〉(The Territorial State Revisited: Reflections on the Future of the Nation-State) 一文，放棄民族國家行將消逝的觀點，認為各種顯示有另一種傾向：不是「普遍主義」，而是中國哲人孟子所忠告的「鑿斯池也，築斯城也」。亦即以準備戰爭來換取民族國家的安全。

當代人類依然生活在民族主義的時代，民族國家之上至今尚無世界性政府的存在，人類的歷史是鮮血所寫的悲慘記錄。如何建立永久的和平，是古往今來許多政治家和哲學家所探索的最嚴肅的問題。如果我們接受「民族」是人類的「終極共同體」(terminal community)，則永久有族群之間的衝突，人類將無持久和平的希望。吾人不禁想起毛奇將軍 (von Moltke) 的警句：「永久和平是一個夢想，甚至不是一個美麗的夢想。」柯奇在其所撰的〈政治和道德〉(Politics and Morals) 一文中又賦予我們無限希望，他說：

> 人類希望的最佳基礎，在於人類向上爬的悠長歲月中，他雖然會犯錯，但也有學習能力的此一事實，以培根 (F. Bacon) 的話說：「當時間產生了新的災禍之際，也想出了新的補救辦法。」

然則，此一「新的補救辦法」究竟是什麼？這不啻是人類的挑戰。研究政治發展的學者白魯恂 (Lycian W. Pye) 在所著《政治發展的方向》(*Aspects of Political Development*) 中指出，今天的世界正進行著兩大改變。第一個是現代化 (modernization) 這個過程也可以稱之為「世界文化的傳播」(diffusion of world culture)。第二個是國際關係歷史性的發展，而在國際關係的體系內，其最高單位仍然是民

族國家，白魯恂認為「現代化」就是「西化」(westernization) 或「歐化」(Europenization)，所謂「世界文化」亦以西方文化為內涵，這正是本世紀初葉，國內部分學者主張「全盤西化」的錯誤和武斷論調。

「文化」(culture) 是「任何社會的生活方式」(the way of life of any society)。有共同的文化而形成「民族」，可是「文化」也是「生活中可以學習的部分」(the learned part of life)。英國歷史學家湯恩比 (A. Toynbee) 在〈為什麼我不喜歡西方文明?〉(Why I Dislike Western Civilization?) 一文中，坦白的指出：西方已經產生了兩次世界大戰，西方也產生了共產主義、法西斯主義和國家社會主義，換言之，西方所產生的意識型態不是極端偏左，就是極端偏右，構成世界動亂的根源。英國另一位歷史學家羅素 (B. Russell) 在論〈中西文明對照〉(Chinese and Western Civilization Contrasted) 中將西方的文化追溯到三個淵源：即㈠希臘文化；㈡猶太人的宗教和倫理觀念；和㈢現代科學的產物──工業主義。西方人從希臘繼承了文學、藝術、科學和社會生活的觀念；從猶太人獲得了狂熱的宗教信仰和民族主義；從科學得到了權力和權力的意義。羅素的結論是：兩個不同文化的接觸過程中，如果作睿智的選擇，取得對方文化的優點而保持自己文化的優點，將產生新穎的文化，而青出於藍勝於藍。羅素希望中國和日本都能作這種文化的選擇，不幸的是：日本從西方獲得了科技的武器系統，加上自己文化中的武士道精神，演變成了軍國主義，發動對華戰爭，並於一九四一年發動太平洋戰爭，幾乎與整個西方為敵，促成了全面性的世界大戰，最後將人類引進核子時代的恐怖平衡。在中國，國民政府八年抗戰，贏得了戰爭，失去了大陸，毛

澤東將西方文化中恐怖的共產主義幽靈 (spectre of communism) 引進到中國大陸，不但引起兩岸分裂的局面，而且使中國的現代化受到了空前的阻礙。

不幸的是，民族主義有各種不同的面貌，有仁慈的、也有猙獰的各種不同的臉譜，西方學者將民族主義比作「睡美人」(sleeping beauty)，醒來時可能變成惡魔——帝國主義，彷彿瑪利·雪萊 (Mary W. Shelley) 小說中的惡魔法萊坎斯坦 (Frankenstein)，不但毀滅了創造自己的民族，而且導致國際危機和戰爭，在殖民時代，歐洲人征服殖民地被認為是「白人的負擔」(white man's burden)、「民族的使命」(national mission) 和「基督徒的職務」(Christian duty)，甚至是「神聖的信託」(sacred trust)。在現代時期，受到達爾文 (C. Darwin) 哲學的影響，帝國主義的意識型態具有「適者生存」的論調，強大而所謂「優秀」的民族征服弱小民族變成了自然現象，所謂「國際社會達爾文主義」(International Social Darwinism) 脫穎而出，墨索里尼和希特勒認為義大利民族和德意志民族是優秀的民族，應該向外擴張，將民族國家之間的戰爭視為文明進步殘忍的必需品，此種錯誤理論與法西斯主義 (Facism) 和納粹主義 (Nazism) 結合在一起，導致第二次世界大戰。作為法西斯主義發動戰爭積極的一面，墨索里尼大聲疾呼：

> 法西斯主義視帝國主義者的精神，即在民族向外擴張的傾向中——他們生命力量的一種表現，在相反的傾向中，將他們的利益限於國境之內，視為頹廢的徵兆。

希特勒不相信種族平等，因為人口不斷增加，而「生存空間」

(living space) 有限。因此種族之間必須為領土而競爭，希特勒煽動性的呼籲：

> 大自然並不知道政治疆界，首先她將各種生物置於地球上，觀察各種力量的自由競賽，然後將主人的權利授予她最寵愛的孩子——最堅強者。

法西斯、納粹和日本軍國主義將人類投入第二次世界大戰的空前浩劫之中。緊接著大戰之後，鐵幕深垂，迅速進入冷戰之中，在後冷戰時代，人類所憧憬的理想世界尚未實現，而且到處有內戰的烽火，如何建立持久和平的國際合作的秩序，變成了人類最大的挑戰。

國父孫中山先生承先啟後，融匯古今中外學說的精華，首創三民主義，在《中國革命史》一書中明白指出：「革命之名詞，創於孔子……」，孔子主張「王道」，所以國父主張的民族主義與西方國家的民族主張完全不同，是「王道民族主義」，在論及民族主義時說：

> 余之民族主義特就先民族所遺留者，發揮而光大之，且改良其缺點。對於滿州，不以復仇為事，而務與之平等共處於中國之內，此為以民族主義對國內諸民族也。對於世界諸民族，務保持吾民族之獨立地位，發揚吾固有文化，且吸收世界文化而光大之，以期與諸民族並驅於世界，以馴致於大同，此為以民族主義對世界之諸民族也。

由上可知，國父主張文化交流，以創造世界性的文化才能進行國際合作，由國際合作才能邁向大同世界。可是其先決條件，必須

以道德家取代權謀術數的馬基維里的信徒。孫中山先生是一位道德家，他在〈學生須以革命精神努力學問〉一文中昭示我們：「道德家必願世界大同，永無戰爭之日，將來世界上總有和平之一日，此吾人無窮之希望，最偉大的思想。」國父並批評達爾文「物競天擇」理論的謬誤，認為：「物種以競爭為原則，人類以互助為原則。」所以國父鄙棄帝國主義，而主張世界各民族一律平等。國父的哲學淵源於儒家思想，其本質是理性的和合乎倫理的，也就是「恕道」，「己所不欲，勿施於人」，中國人不願受其他民族的壓迫和侵略，當然也不壓迫和侵略其他民族。

　　孔子思想以道德哲學為基礎，對「政治」的界定，不是追求權力，而是「政者正也」。又說「惟孝友兄弟」，也就是說「齊家所需的孝友精神，移於治國，即可以為政。」由此可見治國之道與齊家之道是一貫的。可謂「格物、致知、誠意、正心、修身、齊家、治國、平天下」的格致之學。吾人進一步分析此項道德科學，陳資政立夫先生在《四書道貫》中的分析，所謂「格物」，是「窮至事物之理，而知無不盡」，不能有所偏差。所謂「物格而知至」，惟所致之知，有「知天」、「知命」、「知性」、「明德」、「明教」、「知人」和「知物」，有真知不可偏廢之意。而「意誠」是「心正」的先決條件，立夫先生解釋「正心」時說：「心者，人之航也。」所謂「齊家」，是「有禮有義，秩序井然，故謂齊，其國必強。」而治國之道，千頭萬緒，可是實行起來只有一個「誠」字。最後「平天下」的崇高理想，所謂「平」是「平等」，是「公平」與「和平」之意，也就是世界上各民族雖然有不同的歷史和文化，地理環境亦有懸殊，如果都能成為民族國家，理想的大同之治始有實現的可能性。

人類在到達真正「民族國家」的境界時，必須再向前邁進，如果「民族」是人類的「終極共同體」，仍然有戰爭的可能性，如果人類希望永久和平，必須將「個人」(individual)、「民族」(nation) 和「人類一家」(human family) 形成新的三位一體 (new trinity)，然後將「民族」作為「橋樑」，作為「中途客棧」(half-way house) 邁向「世界大同」的崇高理想。

▶第四節　族群關係與世界和平◀

楊逢泰

冷戰 (Cold War)，也許是人類歷史上最漫長的冬天，已經結束，可是春寒料峭，戰爭的火花點綴著整個世界，人類殷切期待穩定的國際秩序尚未建立。當代的世界正被籠罩在一個巨大問題的陰影之下。

人類將往何處去？人類最後的命運是在持續的戰爭中遭到毀滅的厄運，抑是在「太陽與星辰羅列天空，大地湧起雄壯歌聲中」，邁向人類一家 (family of man) 大同世界的理想境界？這是何其嚴肅，何其巨大的問題！答案完全操在當代人類的手中。「科學」已變成古羅馬神話中的「兩面神」(Janus)，其仁慈的一面為人類帶來了福祉和進步，可是其猙獰的一面為人類帶來集體死亡，曩昔人類在飄忽無常的世界中凝視大自然而感到自己的渺小和無能，而今整個自然似乎在人類的控制中，可是悲哀的是：人類發現本身的無能而不能控制自己。

拿破崙 (B. Napoleon) 是最後一個古代人，也是第一個登上皇帝

寶座的現代人，他將「過去」與「未來」劃分為兩個時代。拿破崙出現在政治舞臺，人類進入現代時期。美國國際政治的權威莫根索 (Hans J. Morgenthau) 在其所著《國際政治》(*Politics Among Nations*) 一書中指出：在現代時期，人類已經打了三次世界大戰，即拿破崙戰爭 (Napoleonic Wars)，第一次世界大戰和第二次世界大戰。其基本原因都與民族主義 (nationalism) 有關，拿破崙具有法蘭西民族的使命感，企圖以軍事力量將法國大革命的理想自由主義——「自由、平等、博愛」帶到整個歐洲，可是他征服了歐洲大陸而引起了民族主義，最後拿破崙帝國被民族主義擊潰。拿破崙是「野心」(ambition) 的象徵，當拿破崙指揮軍隊作戰時，無法控制他的野心，最後被關在聖赫勒拿島 (St. Helena)。

　　然則，何謂民族主義？經一個多世紀的研究，民族主義迄無公認的定義，一般而言，民族主義的意義隨國家而不同；在同一國家之內，其含義亦隨著時代而改變，民族主義是捉摸不定的力量，是戰爭的原因，也是和平的基礎。柯恩 (H. Kohn) 對民族主義的定義給予吾人一個重要的啟迪，他說：「民族主義是一種心理狀態，在這種心理狀態中，個人將忠誠獻給民族國家。」就意識型態 (ideology) 而言，民族主義是最有力量的意識型態 (the most powerful ideology)，個人可能為其而生，亦可能為其而犧牲生命。法國大革命時，激進 (radical) 領袖羅帕斯皮爾 (N. Robespierrc) 以自我犧牲的狂熱態度來煽動法國人的精神。他說：

　　我是法國人，我是您的（法國的）代表者之一……啊！崇高的人民！接受我整個生命的犧牲，凡誕生在您中間的人

是幸福的！能夠為您的幸福而死的人更為幸福。

就是這種狂熱的激進政治態度將法國大革命引進恐怖時代，引起拿破崙戰爭，影響整個歐洲，餘波盪漾，遍及世界。

雖然民族主義有不同的面貌，具有不同的分類標準。但多數學者認為民族主義的目標在建立民族國家 (nation-state)，如果將族裔的同源性 (ethnic homogeneity) 作為分類的標準，民族主義可區分為同源民族主義 (homogeneous nationalism) 和異源民族主義 (heterogenous nationalism) 兩種，前者係指由一個「民族」(nation) 建立一個「國家」(state)；或國境內所謂「少數民族」(minority) 甚少。嚴格的說，世界上由一個民族建立一個國家的僅韓國而已，可是韓國目前因意識型態的差異而形成南北韓對抗的局面。異源民族主義中的所謂民族國家包含許多不同的族群 (ethnic group)，國境內是由一個「多數」(majority) 民族與數個甚至幾十個「少數民族」並存或對抗的局面。西元一七七六年美國革命，十三個殖民地，宣布脫離英國而獨立，經過四年艱苦內戰，終於成功，這是異源民族主義發展的重要里程碑。美國從盎格羅撒克遜人 (Anglo-Saxon) 的後裔發展成為一個多元社會，當時鑄造了一個愛國的口號：「合眾為一」 (*e pluribus unum*; one out of many) 而形成為美利堅合眾國 (United States of America)。美國的愛國志士韋勃斯脫 (D. Webster) 在一八五四年時說：「我生下來是美國人，我活著是一個美國人，我將死而是一個美國人。」一九〇八年時，美國民族主義者桑威爾 (I. Zangwill) 說：「美利堅是上帝的坩堝——一個偉大的熔爐。」在美國整個人口之中，百分之五十是盎格羅撒克遜人的後裔，百分之十是非洲黑人

的後裔，其他百分之四十，幾乎包括來自世界各民族的後裔，美利堅民族之所以成功正如魏德曼 (W. Whitman) 所說：「美國不是一個民族，而是由許多民族形成的一個民族。」美國是一個多元的社會，但也是一個充分流動的社會，美國交通四通八達、工商業發展而促成人口橫的流動。在美國，所謂「自由」(liberty) 意指「把握機會的自由」(freedom to grasp opportunity)。所謂「平等」(equality) 也是指「把握機會的自由」，因而在美國，「自由」和「平等」是同義字，形成「向上流動」(upward mobility) 的力量，此外教育扮演了一個重要因素，流動性不僅是美國人的特權，也是一個受託的義務 (a mandatory of ligation)。

　　法國一七八九年的大革命是同源民族主義發展的里程碑。民族主義加上擴張主義變成了帝國主義，法國在殖民主義過程中，建立了一個大帝國，法國當局允許殖民地人民變成法國公民，法語形成了一個標準，凡是說法語者都可能變成法國人，所以法國人是可以創造的。而逐漸變成了多元社會。希特勒 (A. Hitler) 深信：德意志是最優秀的民族，不能與其他民族，尤其是猶太人通婚，以保持民族的純粹，而形成了國際社會達爾文主義。猶太人是一個最悲慘的民族，在大擴散之後到一九四八年建國為止，猶太人是一個既無國土 (country) 亦無「國家」(state) 的流浪民族 (nation)，因為長於理財而受到各國的壓迫，在俄國的猶太人於一九一七年俄國革命後，受到國家社會主義 (state socialism) 的壓迫，財產被沒收，家庭破碎。希特勒所倡導的意識型態是民族社會主義 (national socialism)，也就是「納粹主義」(nazism) 認為德意志民族的資源僅有德意志的人民才能享受，因而排斥並殘殺猶太人，波蘭人也同樣受到迫害，淪為所謂

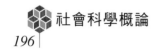
「德國優越人種」的奴隸。

　　族群究竟是如何形成的？吾人必須探索此一嚴肅的問題。人是社會的動物 (social being)，但並不是不分青紅皂白的與所有的人營社會生活，而是「物以類聚」，家族 (family) 是最自然的單位。在遠古時代家族是自給自足的，也是械鬥的基本單位，家族逐漸擴大而形成氏族 (clan)，淵源於一位共同的祖先，供奉同一個祠堂，再由幾個氏族而形成部落 (tribe)，其後因為戰爭和商業關係，各種生命力量激盪而演進成為部族 (nationality)。這是非常複雜的團體，具有某些客觀的因素，如血統、語言、領土、宗教和風俗習慣，而最重要的是具有一個不可或缺的、主觀的、有生命的、積極的團結意志 (a living and active corporate will)，獨立之後成為民族 (nation)，這是由全體人民共同形成的人類終極共同體 (terminal community)，民族主義的學者海斯 (Carlton J. H. Hayes) 說：「一個部族由於得到政治統一和主權獨立，遂成為一個民族……或即建立一個民族國家。」

　　人在另一方面是政治動物 (political being)。在每一個社會中，具有某種形式的政府，當部落從歷史曙光中脫穎而出時，大酋長 (paramount chief) 接受小酋長的忠告，統治部落而形成酋長國 (chiefdom)，在撒哈拉以南的非洲國家，雖然在形式上是民族國家，實際上是許多部落形成的政治團體而已，在世界各地亦可找到這種原始政治實體的蛛絲馬跡。古代的希臘半島上隨著商業的興起而產生了城市國家 (city-state)，其基本弱點是無法阻止自相殘殺的戰爭而被大帝國所取代，古代的埃及、敘利亞、中國、波斯、希臘和羅馬都因文化的融合而由部落或城市國家擴大而成，與其周圍的部落或王國 (kingdom) 並存著，羅馬最初也是城市國家，屋大維 (C.

Octavianus) 建立羅馬帝國，被尊稱為「奧古斯都」(Augustus)。羅馬帝國和西周形成了東方和西方的兩大帝國。羅馬帝國淪亡後，歐洲由大統一局面進入「黑暗時代」。而西周亦進入封建時代，公、侯、伯、子、男形成封建國家 (feudal state)。人民被迫以忠誠來換取諸侯的保護，形成了文明的倒退。

　　十六、十七和十八世紀後，中產階級在貨幣經濟中脫穎而出，填補了貴族的地位，專制君主的新法學家認為權力是經由一種神祕的法律 (lex regia) 授予君主，人民不能再有任何控制，歐洲出現了專制王朝，法皇路易十四 (Louis XIV) 說:「朕即國家。」這是專制國家 (absolute state) 最簡明的寫照，法國大革命改變了國家的概念 (concept of state)，當時的法學者改變了世襲國家 (patrimonial state) 的說法，而將「民族」代替了國王 (king)，因此「國土」(country) 不再是國王世襲的財產，而變成了民族的世襲財產，國家 (state) 是民族所建立來管理自己，「專制國家」遂被「民族國家」所取代。

　　然而在悠長的歲月中，民族的疆界很少是自然形成的，而是人工所劃分的，奈及利亞 (Nigeria) 是非洲最人工的單位，中國和俄羅斯的疆界是世界上最長的人工疆界，按照地理機會的理論，衝突也最為頻繁。從族裔的同源性來衡量，在全世界所有民族國家中僅有二十多個可稱之為同源的民族，其他的均包含著異源的族群，族群愈多，問題愈複雜，衝突也愈頻繁。

　　前南斯拉夫 (Yugoslavia) 是歐洲國家中族裔最複雜的多元社會，在境內最大的族群是塞爾維亞 (Serbia) 僅占全國人口百分之二十五，在第二次世界大戰期間，德軍於一九四一年四月六日侵入南斯拉夫，克羅西亞人狄托 (Josip B. Tito) 領導游擊隊從納粹手中恢復

國土，一九四五年十一月二十九日正式建立南斯拉夫共和國，仍採聯邦制，為了減少塞爾維亞人的影響力，建立了伏佛狄那 (Vojvodina) 和科索夫 (Kosovo) 兩個自治省外，其他六個加盟共和國分別為塞爾維亞共和國 (Republic of Serbia)、克羅西亞共和國 (Republic of Croatia)、斯洛維尼亞共和國 (Republic of Slovenia)、赫爾汶吾維亞共和國 (Republic of Herzegorina)、蒙特尼哥羅共和國 (Republic of Montenegro) 和馬其頓共和國 (Republic of Macedonia)。

一九九〇年民族主義和自由主義這兩個學生運動震撼了共產帝國，蘇聯在東歐的衛星國次第崩潰，南斯拉夫加盟共和國中以克羅西亞和斯洛維尼亞最富裕也最為西化。一九九一年六月二十五日，這兩個共和國中反共的民族主義領袖宣布脫離聯邦而獨立，並要求加入聯合國，塞爾維亞共和國的總統米洛謝維夫 (Slobadan Miloservic) 被譏為「東歐最後的斯太林主義者」(the last Stalinist in Eastern Europe)，無情的摧殘南斯拉夫境內的反共情緒，引起了慘烈內戰，「這將是自西班牙內戰以來最大的流血衝突。」南斯拉夫聯邦共和國於一九九二年宣布解體，並分裂為塞爾維亞、克羅西亞、斯洛維尼亞、波士尼亞和赫爾汶吾維亞、蒙特尼哥羅、馬其頓、科索夫等七個國家。

南非的奈及利亞 (Nigeria) 是英國殖民地，境內大約有二百四十八種不同的語言，因此有非洲「語言十字路」(linguistic crossroad) 之稱，而語言的不同暗示著部落的不同。一九六三年奈及利亞獨立時，是由三個邦 (state) 組成的聯邦，北區是屬於回教的浩沙—福拉尼人 (Hausa-Fulani)，西區是耶魯巴人 (Yaruba)，而東區是依包人 (Ibo)，為了獨享境內豐富的石油，而於一九六七年五月三十日宣布獨立，

建立「比亞弗拉共和國」(Republic of Biafra)。聯邦政府遂對比亞弗拉採取「警察行動」而進入可怖的內戰，摧毀了經濟起飛的希望，經兩年半的內戰，證明聯邦政府是勝利者。

　　許多奇怪的事情來自非洲，如果瞭解此一事實，索馬利亞 (Somalia) 的內戰將不以為怪。在一九七九年，全球一百三十五個國家中依照族裔的同源性而言，索馬利亞是百分之九十二，名列第三十位，在非洲國家中名列前茅，全國人民中百分之九十二的人是屬於同一族群，說同樣的語言，信奉同樣的宗教——回教，巴瑞總統 (Mohamed S. Barre) 所屬的馬瑞漢氏族 (Mareham clan) 在全國八百萬人口中僅占百分之一，於一九六九年奪取政權後，為了鞏固個人統治，促使各氏族間互相衝突而坐收漁利，各氏族之間在軍閥領導下，互相攻擊，索馬利亞遂處於無政府狀態之中，旱災、饑荒再加上氏族之間的混戰，索馬利亞已變成人間煉獄，聯合國不能干涉在本質上屬於一國的內政問題，此一悲劇，如何結束？何時結束？是當前嚴重問題之一。

研究 & 討論

一、試列舉全球重要的生態環境問題。

二、試列舉臺灣重要的生態環境問題。

三、如何在「永續利用」的前提下，減低或改善人類對環境的不當影響？

四、試說明如何在家庭和學校中實踐環保生活？

五、造成今日全球糧食危機的主因為何？

六、造成今日全球能源危機的主因為何？

七、試述人口轉型過程，並說明其對全體人口的影響。

八、當代國際之間是否能夠真誠合作？試就所知予以評析。

九、在東方和西方文化接觸的過程中，吾人應採何種正確的途徑？
試說明其理由。

十、試述邁向世界大同或人類一家的途徑。

十一、依族裔同源性 (ethnic homogeneity) 為分類標準，民族主義
可以分為那兩種？試舉例說明之。

十二、人是社會的動物 (social being)，試述人類社會演進的過程。

十三、人是政治的動物 (political being)，試述人類政治組織演進的
過程。

十四、試分析前南斯拉夫、奈及利亞和索馬利亞內戰的原因。

參考書目

內政部人口政策委員會 (1994)，《人口政策資料彙集》，臺北：內政
部人口政策委員會。

行政院環境保護署 (1994)，《中華民國臺灣地區環境保護統計年報》，
臺北：行政院環境保護署。

行政院環境保護署 (1993a)，《中華民國臺灣地區環境保護統計年
報》，臺北：行政院環境保護署。

行政院環境保護署 (1993b)，《綠色實踐家》（八十二年度環保小署長
暨環保教師研習營實錄），臺北：行政院環境保護署。

李永展 (1995a)，《環境態度與環保行為──理論與實證》，臺北：胡
　　氏圖書出版公司。

李永展 (1995b)，《資源回收與資源再生區之規劃──以臺北市文山
　　區為例》，臺北：國立政治大學地政學系（行政院國科會研究計畫
　　成果報告）。

李約翰譯 (1987)，《糧食第一》，臺北：遠流。

林金昇 (1991)，《我們只有一個地球──談世界環境問題》，臺北：
　　行政院環境保護署、幼獅文化事業公司。

孫得雄、張明正 (1988)，《人口學與家庭計劃》，臺北：國立空中大
　　學。

陳淑美 (1995)，《臺北市與臺灣省鄉村人口老化及其因素的比較：人
　　口學觀點的分析》，臺灣大學農業推廣研究所碩士論文。

陳寬政、王德睦、陳文玲 (1986)，〈臺灣地區人口變遷的原因與結果〉，
　　《人口學刊》，9: 1–24。

蔡宏進、廖正宏 (1987)，《人口學》，臺北：巨流。

Green, Cynthia P. (1992). "The Environment and Population Growth:
　　Decade for Action," *Population Reports*, M (10).

Malthus, Robert (1798). *An Essay on the Principle of Population, as It
　　Affects the Future Improvement of the Society*. London: J. Johnson.

Malthus, Robert (1826). *An Essay on the Principle of Population: A
　　View of Its Past and Present Effects on Human Happiness*. London:
　　J. Johnson.

Meadows, D. H., Meadows, D. L., Randers, J. & Behrens, W. III (1972).
　　The Limits to Growth. New York: New American Library.

Weeks, John Robert (1989). *Population: An Introduction to Concepts and Issues.* Ca.: Wadsworth, Inc.

政治學　呂亞力／著

　　本書內容頗為周遍，主要涵蓋四大部分：第一部分是政治學學科的介紹；第二部分旨在剖析政府及相關事宜；第三部分為純粹行為政治學的素材；第四部分介紹一些國際關係的知識，主要是針對無法修習國際關係課程的讀者之需要。而意識型態與地方政府兩方面的常識，為政治學入門者所不可缺乏，故特使其自成單元，一併列入。

政治社會學：政治學的宏觀視野　王晧昱／著

　　本書並重中國傳統思想和西方政治理論的解析，思索人性與不完美的社會，析論國家與政治權力之緣起、運作及其發展，解釋政治社會中利益的矛盾和權威的不等分配所造成的社會衝突和權力鬥爭現象，並從大歷史的視野，檢視世界的「現代化」發展及其政治走向，以及反思當今的「後工業社會」，和資本主義宰制的「全球化」發展走勢。

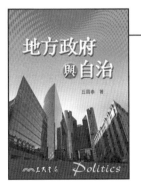

地方政府與自治　丘昌泰／著

　　本書從臺灣本土角度出發，配合當前社會發生的嶄新案例深入探討地方自治與政府課題。寫法淺顯易懂，每章除提供「自我評量題目」外，並蒐集與該章內容有關的「歷年考試申論題」，有助於應考公職者在考場上得心應手，金榜題名。

臺灣地方政府　李台京／著

　　本書分為四篇，共十五章，分別從歷史演進、各國比較、法制結構與功能、公共政策、趨勢展望等多項層面分析臺灣地方政府的發展與現況。此外，也介紹關於地方政府的研究方法與理論，並提供相關研究主題的資訊。本書深入淺出、內容完整，可作為理解當代臺灣地方政府、研究臺灣地方公共政策的重要著作，對於欲參加國家考試的讀者而言，本書亦具有參考價值。

中國外交史──本質與事件、衝擊與回應

藍玉春／著

　　本書涵蓋中國四個階段的對外關係：天朝體系崩解的大清朝、新中國舊問題的中華民國在大陸、先是從中國看世界，然後從世界看中國的中華人民共和國、挫折能量總爆發及再積蓄的中華民國在臺灣。並穿插【歷史照妖鏡】、【回到過去】、【百年之後】、【大哉問】單元，以便讀者思索及認知。

政黨與選舉：理論與實踐　吳重禮／著

　　本書作者以深入淺出的筆觸、結合學術理論與實證經驗，探討政黨與選舉研究領域中幾項重要議題。這些議題看似多元，然而貫穿其中的脈絡主軸，乃聚焦於西方理論架構與我國經驗政治的結合。本書嘗試在學術研究和現實政治之間進行對話，適合於政治學相關領域的教師和學生，及對政黨政治和選舉研究有興趣的讀者閱讀。